KB275257

긍휼

어거스틴과 함께하는 은혜윤리

문시영

숭실대 철학과 및 대학원 석 · 박사과정을 이수하고
장로회신학대학원(M. Div.)을 졸업하였으며
어거스틴의 윤리를 연구하여 철학박사(Ph.D.)학위를 받았고
〈은혜윤리〉, 〈토론에 초대된 윤리〉등 여러 책을 집필했다.
은혜윤리를 위한 NICE(새세대 교회윤리연구소) 소장이며
남서울대학교 교수(교목실장)이다.

긍휼 어거스틴과 함께하는 은혜윤리

2007년 11월 20일 초판인쇄
2007년 11월 25일 초판발행
지은이 ｜ 문시영
펴낸이 ｜ 이찬규
펴낸곳 ｜ 북코리아
등록 ｜ 제03-01240호
주소 ｜ 121-802 서울시 마포구 공덕2동 173-51
전화 ｜ 02-704-7840
팩스 ｜ 02-704-7848
이메일 sunhaksa@korea.com
홈페이지 www.ibookorea.com
ISBN 978-89-92521-42-0 (03230)
값 9,000원

긍휼

어거스틴과 함께하는 은혜윤리

문시영 지음

북코리아

긍휼: 불쌍히 여기심에 관하여

책상머리에 오래 앉아있기는 하는데 성적이 오르지 않는 학생, 확신이나 생각은 없지만 그저 열심히만 하면 되지 않겠느냐고 덤벼드는 직장인, 성경공부와 예배참석은 꾸준하되 큰 결단도 없고 굉장한 체험도 없는 신앙인, 하나님 앞에 내려놓을 것도 없으면서 뭐라도 내려놓겠다고 설치는 사람 …….

저도 그런 사람들 중 한명입니다. 글재주는 없으면서 욕망은 크고, 어줍지 않은 사명감은 있어서 부지런히 책을 쓰는 사람, 그게 바로 접니다. 하지만 아까운 자원만 낭비하는 사람이라는 점에서 정말 많이 미안함을 느낍니다. 그럼에도 불구하고 또 한 권의 책을 냅니다.

끝까지 해보자 하는 오기로 덤벼드는 것은 아닙니다. 글재주는 없지만 내게 주신 주의 은혜를 나누고 싶어서입니다. 사실, 저는 딱히 창의적이지도 않고 탁월하지도 못한 사람입니다. 10남매 집에 여섯째로 태어난 사람이 그렇죠. 뭐 대단할 것 있겠습니까? 가난에 치이고 식구 많다고 셋방도 구하지 못하는 집안에서 탁월한 사람이 나오겠습니까? 이를 악물고 가난탈출을 꿈꾸는 것이 고작이겠지요. 제 경우가 그렇습니다.

그러다보면 자수성가하여 큰 성공을 일구는 사람도 있기는 하지요. 그래도 대부분의 경우에는 평범한 사람 -제가 말하는 평범함이란 하루 세끼 식사를 거르지 않고 할 수 있음을 뜻합니다.- 되는 것이 일차적인 꿈이기 쉽습니다. 제 꿈도 그랬으니까요. 지지리도 가난한 사람이라는 딱지를 떼고 하루 세 번 밥 먹고 사는 평범함이 너무도 부러웠던 사람이었습니다.

38따라지로 혈혈단신 피난 내려와 외로우셨는지, 아니면 신앙의 원칙을 지키려 하신 것인지 아버님은 어머님을 만나 무려

6남 4녀를 낳아 기르셨지요. 가족이 많아서 행복했겠다구요? 한 번 가서 살아보세요. 가르쳐주지 않아도 경제원리를 터득하게 됩니다. 이 음식을 나누어 먹어야 하는지, 숨겨두고 혼자 몰래 먹어야 하는지 고민하게 됩니다. 가난했기 때문이지요. 가난에 찌든 10남매 집에서 아들로 넷째, 전체로 여섯째가 접니다.

피난길에 농촌선교를 위해 헌신하시기로 서원하셨고, 게다가 일생을 목사안수도 받지 않고 헌신하신 시골전도사님이셨던 아버님 덕에 저희도 60년대 70년대 그리고 80년대 농촌선교의 눈물을 일용할 양식으로 삼아야 했습니다. 요즘처럼 도시교회의 지원도 많지 않았던 때, 농촌목회는 정말 힘겨웠을 것 같습니다.

어느 교회를 가시든 기본이 축구팀 한 팀 되는 식구가 있으니 시골교회로서는 숫자로 치면 대부흥 아닌가요? 그런데 그렇지도 않더군요. 제가 기억하기로는 식구가 많다는 이유로 교회를 여러 번 옮겨 다니셔야 했고 이사를 숱하게 했던 것 같습니다. 저의 초등학교 기록에는 해마다 전학의 흔적이 남아있어서 어느 학교를 모교라 해야 할지 고민이 될 정도입니다.

사춘기가 되고 중학생이 되면서, 하나님은 과연 존재하시는가? 질문하게 되더군요. 뭐 거창하게 현실적 무신론이라는 말을 쓸 필요는 없지만, 그런 생각에 가까웠습니다. 하나님이 계시다면, 왜 농촌교회를 섬기는 목회자 가정이 이렇게 찢어지게 가난하도록 버려두시는 것일까? 혹시 우리 아버지는 용서받지 못할 죄로 저주를 받고 있는 것 아닐까? 나는 왜 남들처럼 평범한 식사도 제때 못하는 가정에 태어난 것일까? 뭐 그런 생각들이 밀려왔습니다.

하필 그때 심각한 피부병에 시달려야 했습니다. 긁어도 시원치 않고 잠을 이룰 수 없을 정도로 온 몸이 따갑고 가려웠습니다. 제대로 약을 먹을 돈이 있습니까? 피부과 치료를 받을 진료비가 있겠습니까? 괴로웠습니다. 사춘기에 피부병이라는 것 자체가 부끄럽기도 하구요. 서당 개 삼년이면 풍월을 읊는다고, 전도사 아들이기에 이것저것 주워들은 이야기는 있어서 새벽기도를 시작해 보기로 했습니다.

아마 중학교 3학년 겨울방학이었던 것 같습니다. 그때 우리 가정은 나름대로 머리를 써서 가족 수 작게 보이기 내지는 요즘말로 분산투자 같은 일을 꾸몄던 것 같습니다. 부모님의 보살핌이 필요한 어린 동생들은 시골교회에 남아있고 이제 갓 사회생활을 시작한 형님 그리고 배움을 다 마치지 못한 누님들에게 저희들을 부양시킨 겁니다. 경기도 하남시였습니다. 꼬부랑 외할머니와 우리들이 외양간을 개조한 허름한 셋방에서 또 하나의 초라한 살림을 시작한 곳 말입니다.

아직은 청소년이던 저는 동생과 함께 방학이면 시골교회에 내려가곤 했습니다. 물론 교인들이 썩 그렇게 반기는 분위기는 아니었습니다. 전도사님 가정에 방학만 되면 식구들이 많아진다고 말입니다. 하지만 그때는 어리석어서 그런 눈치도 알아차리지 못했던 터라 덮어놓고 시골교회에 내려가 새벽기도를 시작했습니다.

처음에는 적응이 잘 되지 않더군요. 새벽기도라는 것이 육체적으로 많이 피곤한 일인 것은 분명합니다. 때로 졸기도 했고 때로 원망하는 기도로 채우기도 했지만, 그 추운 겨울새벽에 차가운 마룻바닥에 무릎 꿇고 드린 기도가 신기하고도 감사하게도 응답되었습니다. 피부병이 나았습니다. 나을 때가 돼서 나은 것인지는 모르겠습니다만, 새벽기도의 체험만큼은 감격스러운 것이었습니다. 하나님을 향한 확신이 생겼다고나 할까요?

　하지만 힘겨운 청소년 시기는 정말 지루하게 이어지고 있었습니다. 여전히 가난했고 여전히 힘겨웠습니다. 아무 생각도 들지 않았고 무작정 열심히 공부해야 하겠다는 마음으로 공부했습니다. 하지만 참고서도 없고 과외라는 것은 아예 받아보지도 못한 저에게 탁월한 결과가 나오지 않는 것은 너무나 당연한 것 아니겠습니까?

　감사한 것은 저에게 열심, 성실 그리고 노력이라는 자산을 주신 것입니다. 하나님께서 주신 것이라 저는 확신합니다. 사람이 마음만 먹는다고 그렇게 되는 것은 아니지 않습니까? 교과서와 수업시간에 필기한 노트를 몇 번이고 반복해서 읽고 또 읽고 연필가루가 날릴 정도로 시커멓게 동그라미를 쳐가며 덤벼들었습니다. 가난한 시골 전도사 아들을 불쌍하게 보신 하나님의 은혜였던 것 같습니다. 고등학교 졸업 때까지 한 두어 번 놓친 것 외에는 그럭저럭 전교1등으로 공립학교 장학금을 받을 수 있었으니까요. 그나마도 없었다면 공부를 계속할 수 없었을지 모릅니다.

공부하는 것은 그렇다 치더라도 학교를 다니는 것 자체가 쉽지 않았습니다. 여러 가지로 창피한 구석이 있었습니다. 남들 다 타고 다니는 버스를 먼발치서 부러워해야만 했습니다. 교통비가 없어서 10리길을 걸어가고 10리길을 다시 걸어와야 했으니까요. 발바닥에 물집이 잡히고 티눈이 박혀 걸을 때마다 절로 눈물이 나더군요. 생각해 보면, 그 어렵고 힘들었던 때, 가난이 창피했던 때 비뚤어지지 않은 것이 참 감사한 일입니다.

문제는 고3때 더 커졌습니다. 하필 아버님이 교회를 너무도 어려운 곳으로 옮기시게 되었습니다. 어디 옮기고 싶어서 옮기셨겠습니까? 나이 많은 전도사라는 이유로 제법 규모가 있는 교회에서는 목사님을 모시겠다고 아버님더러 나가달라는 요청이 있었고 그래서 다시 더 작은 교회로, 더욱 깊은 골짜기 오지의 시골 교회로 임지를 옮기는 일이 반복되었습니다.

큰 형님도 결혼해서 가정을 꾸려야 했고 누님들도 결혼을 했지만, 우리 형편에 달라질 것이 뭐가 있겠습니까? 아흔을 바라보시는 꼬부랑 외할머니와 고3, 중3 두 청소년은 영락없이 소년소녀가장이었습니다. 특히 고3때 저와 동생 그리고 구순의 할머니는 밥 먹듯 굶어야 했습니다. 아침은 모던 스타일처럼 먹지 않고 점심은 건너뛰고 저녁에는 일찍 자고 …… 그렇게 살아야 했습니다. 시골교회의 부모님과 어린 동생들 역시 제대로 먹지 못했던 시절이었습니다. 어쩌다가 돈이 생기면 라면 끓일 연탄도 도구도 없어서 생라면을 눈물에 말아 먹어야 했습니다.

한참 먹고 자라야 할 외손주들이 불쌍했던지 꼬부랑 외할머니께서 이웃집에 밥을 구걸하셨더군요. 그릇에 좀 잘 담아주면 안 되는 것인지, 노란 라면봉투에 김치 몇 개 얹은 것을 얻어 오셨습니다. 자존심에서라도 먹지 말아야 했는데, 굶주림에서 오는 유혹이 자존심이고 뭐고 다 팽개치고 눈물을 생수삼아 먹게 하더군요. 그런 것 보면, 사람 목숨 참 질겨요. 그렇죠?

한번은 학교에서 이런 일도 있었습니다. 점심때마다 운동장으로 사라지는 저를 불쌍하게 생각한 짝꿍 녀석이 자기 도시락을 항상 절반으로 나누어 주었습니다. 마침 옆에 있던 친구가 반찬을 남겼더군요. 염치도 없이 얻어먹는 주제에 그 반찬을 먹고 싶었습니다. 그때는 대개 김치를 유리병에 담아 왔지요. 그런데 그만 실수로 반찬이 들어 있는 유리병을 바닥에 떨어뜨리고 말았습니다. 난리가 났습니다. 반찬 냄새가 진동하고 국물이 바닥에 흘려 내렸습니다. 죄다 쳐다보면서 속으로 한 마디씩 했을 법한 상황입니다. 얼른 미안하다고 하면서 청소를 해 주었어야 하는데, 순간 아무 생각도 들지 않고 하늘이 노랗게 변하더군요. 깨어진 유리조각이 마치 나의 한 가닥 남은 자존심마저 조각조각 깨져버린 것 같았습니다. 순간, 이런 생각이 들었습니다. "너 왜 사니?"

생각해보면, 너무도 힘겨운 시간들이었습니다. 제가 생각하기에도 너무나 불쌍한 모습입니다. 하지만, 지금 생각해 보면, 그 순간 누구보다도 하나님께서 나를 불쌍히 여기셨습니다. 어떻게 하든 살아보려고 빌버둥치는 저를 불쌍히 여기신 하나님이 계셨기에 오늘의 제가 있습니다. 뭐 그리 대단한 사람은 아니지만, 하나님의 은혜, 긍휼히 여기심이 아니면 오늘의 저는 없습니다. 그리고 제 주변에서 저를 불쌍히 여기고 긍휼의 눈으로 격려해준 친구들에게 한없는 감사의 마음을 전하고 싶습니다. 그들 역시 하나님께서 나를 긍휼히 여기라고 보내신 친구들이었을 겁니다. 10리길을 걸어 다닐 때 찬송을 부르며 하나님의 은혜를 구하던 제 마음에 소명의 깨달음이 있었던 것도 바로 그 역경의 순간이었음을 생각하면 이 모든 것이 하나님의 은혜입니다.

그 당시, 너무 힘겨웠던지라 오죽하면 대입수능에서 웬만하면 20점 만점을 받아가는 체력장에서 최저점수인 16점을 받았을 때, 제 가슴은 너무나 아팠습니다. 그만큼 제 건강이 좋지 않았던 겁니다. 위궤양이라는 것도 앓아야 했습니다. 어렵게 마련한 진료비를 들고 찾아간 병원에서 의사선생님은 제가 규칙적인 식사를 하지 않았기 때문에 위장에 문제가 생긴 것이라고 하시더군요. 차마 거의 먹지 못했다는 말은 할 수 없었습니다. 절대빈곤 그 자체를 뭐라고 변명한들 그분이 이해하셨겠습니까?

생각하기만 해도 눈물이 앞을 가리는 답답하고 지루했던 청소년 시절의 그 어려움 속에서 고등학교를 수석으로 졸업했지만 졸업식에 어머니를 오시지 말라고 했습니다. 특별히 저를 불쌍히 여기셔서 음으로 양으로 도와주신 은사님께 작은 선물 하나도 할 수 없다면 아예 오시지 말라고 했습니다. 지금 생각하면 저 자신도 많이 가슴 아픈 대목입니다.

함께 졸업한 친구들 중에는 저보다 수능성적이 좋아서 명문대학으로 진학한 경우들도 있었지만 그들이 크게 부럽지는 않았습니다. 그들처럼 입시학원에 단과특강에 고시원 독서실을 마음껏 다니며 공부해보지 못한 것이 마음 한 구석에 아쉬움으로 남을 뿐이었습니다. 입시성적을 무려 60점 이상 낮추어 대학을 선택해야 했습니다. 장학금이라도 받지 못하면 대학을 포기해야 했으니까요.

하나님 은혜로 철학과에 학과 수석으로 입학할 수 있었습니다. 신학을 하기로 마음먹었지만 기왕이면 잘 준비된 목회자가 되고 싶었고 저를 잘 아시는 목사님께서 권하신 준비기간이었습니다. 제가 마음으로부터 존경하는 곽요셉 목사님을 비롯하여 많은 동역자들을 만난 것도 이 대학 철학과에서였습니다. 제 기억으로 50명 입학인원 중에 신학을 하겠다고 마음먹고 들어온 사람이 열 세 명이나 되었고 그중에 예닐곱 명이 이미 목회자와 신학자로 활동하고 있다는 것은 참으로 감사한 일입니다.

하지만 저의 대학생활은 여전히 가난했고 어려웠습니다. 대학생활을 포기하고 싶은 순간도 여러 번 있었습니다. 사실, 기왕에 고생하는 대학생활이라면 SKY로 분류되는 명문대학에 다니게 하셨으면 했는데, 생각해 보면 제게 탁월한 명석함과 글재주까지 주셨다면 너무 교만했을지도 모르는 일입니다. 어쨌든 하나님은 탁월함을 주시지는 않았지만 책상 앞에 오래 앉아 있는 재능과 열심히 해야 하겠다는 열정을 주셨습니다. 정말 열심히 공부하고 열심히 노력했습니다. 그래도 청소년시절의 절대빈곤에서 벗어날 수 있는 길을 찾아 일할 수 있었고, 공부가 재미있어서 열심히 할 수 있었으며, 소망이라는 것이 무엇인지 생각해 볼 수 있었던 시절이었습니다.

비록 명석한 사람은 아니었지만, 나름대로 노력한 탓에 단과대학 수석졸업이라는 기쁨도 누릴 수 있었습니다. 집사람도 대학에서 처음 만났습니다. 그 어려운 시절을 함께 격려하며 신앙의 동반자가 되어준 아내에게 고마움을 전합니다. 대학졸업과 동시에 저에게 대학원에 진학할 마음도 생겼고 조교장학금을 받아 공부할 기회도 얻었습니다. 재능도 없고 탁월하지도 않은 저를 불쌍히 여기신 하나님은 박사과정에도 진학하게 하셨고 이제껏 한 번도 만난 적 없는 대기업으로부터 장학금을 받게 하시고 박사과정 내내 공부할 수 있도록 허락해 주셨습니다. 박사과정을 마치고 신학대학원 공부를 하는 과정에서 기독교윤리학을 향한 비전을 주셨습니다. 저는 이것이 재능이나 자격을 떠나 불쌍히 여기심, 즉 긍휼의 은혜를 주시는 하나님의 손길이었다고 봅니다.

그리고 감사하게도, 육군정훈장교로 복무한 후 한 학기 정도의 시간강사 생활고를 겪은 것 외에 목사안수를 받기도 전에 대학교수로, 교목으로 임용시켜 주셨습니다. 3월 학기에 교수로 임용된 그해 5월 봄 노회에서 목사안수를 받았으니까요. 하나님 은혜입니다. 구체적으로는 불쌍히 여기시는 은혜라고 하겠습니다. 해외박사도 아니고 탁월한 명석함도 없는 저를 하나님께서 불쌍히 여기신 겁니다. 불쌍히 여기심, 연민 또는 긍휼, 그것이 제게 주신 은혜임을 고백합니다.

제게 주신 것들, 사실 보기에 따라서는 별 것 아닐 수 있습니다. 저는 서울에 있는 대학교수가 아니라 소위 지방대학 교수입니다. 저는 하버드나 프린스톤 같은 해외유명대학 학벌이 있는 것도 아닙니다. 국내대학 박사일 뿐입니다. 저 같은 사람에게는 한동안 유행한 〈내려놓음〉이라는 것이 어울리지 않는다는 쯤은 너무나 잘 알고 있습니다. 제가 그런 글을 먼저 썼던들 과연 어필할 수 있었겠습니까? 사실, 좀 더 굉장한 은혜의 주인공이 자기 것을 내려놓음으로써 하나님 은혜를 말해야 하는 게 맞겠지요. 하지만 제가 걸어온 길에 비해 본다면 지금의 이것도 너무나 큰 은혜입니다. 감사할 따름입니다.

여기까지 읽어 주신 것, 참으로 고맙습니다. 이 책의 대부분은 〈긍휼〉을 주제로 한 것들입니다. 내게 주신 긍휼하심의 은혜, 저를 불쌍히 여기신 하나님의 은혜를 생각하면서 썼습니다. 그리고 제가 공부했던 어거스틴의 관점을 많이 인용했습니다. 특히 긍휼, 즉 불쌍히 여기심의 은혜를 윤리에 적용해 보았습니다. 어설픈 시도일지 모르지만, 나름대로 의미있는 일이라 생각됩니다. 여기, 이 책 전체를 이끄는 성경말씀이 있습니다.

긍휼은 심판을 이기느니라.(약2:13)

제1부 | 긍휼은 심판을 이기느니라

비난이 넘쳐나고 있습니다. 하지만 자기갱신과 덕스러움의 노력은 턱없이 부족합니다. 이것이 우리시대 윤리의식의 지형도입니다. 건강한 비판은 필요합니다. 하지만 비판이 비난으로 치달아서는 '비난하는 자', '비난받는 자' 모두의 윤리적 성숙을 기대할 수 없습니다.

게다가 비난하는 자들이 스스로 의롭다 생각하여 남을 정죄하고 심판하는 데 능숙해진다면, 그것이야말로 율법주의 아닐까요? 윤리와 갱신을 말하면서 율법주의적 관점을 벗어나지 못한다면, 진정한 윤리적 성숙을 말할 수 없는 것 아닐까요? 우리들 마음에 '나는 옳은데', 도무지 '돼먹지 못한' 실수투성이, '비난받아 마땅한 것들'이 너무 많다는 생각이 자리 잡고 있지는 않은지요?

제1부에서는 비난이 넘치고 긍휼은 찾아보기 어려운 우리의 모습에 대한 자기발견을 제안하는 글로 채웠습니다. 혹은 비난받는 자의 심경에서 오늘의 윤리를 이야기하고자 했던 흔적들입니다.

저 자신이 윤리교수이지만, 저야말로 가장 '비윤리적인 윤리학자'라는 자기고백의 자세로 여러분께 '긍휼의 윤리'를 제안하고자 합니다. 긍휼의 윤리를 율법주의적 윤리의 대항마로 보는 셈입니다.

스스로 문제없다고 생각하기 쉽지요. 겉보기에 완벽하고 도덕적 흠이 없어 보이는 사람도 있습니다. 하지만 그것 자체가 자기 자랑이나 위선의 유혹은 아닐까요? 긍휼의 윤리는 바로 여기에서 출발합니다.

긍휼은 심판을 이기고 자랑하느니라. (약2:13)

알고 보면 불쌍한 사람

바늘로 찔러도 피 한 방울 나오지 않을 사람들이 있지요. 의지가 강하거나 자기주장이 유별난 사람을 비꼬는 말인 것 같습니다. 그리고 전혀 융통성이 없고 정이 가지 않는 사람을 가리키는 말도 될 수 있을 겁니다. 너무 강력한 추진력을 가진 사람이거나 독불장군 취급을 받는 경우 또는 인간미가 전혀 느껴지지 않는 분들에게도 사용할 수 있겠습니다.

하지만, 평소에는 그토록 강해보이던 사람도 알고 보면, 어느 순간 너무나 약해보이는 경우가 있습니다. 그 사람의 인간적인 면모를 알게 되면 나름대로 이해할만한 구석도 나타나고 그의 행동이나 말투에 대해 새로운 느낌을 가지게 되는 경우들이 더러 있습니다. 결정적으로 그가 스스로 농담반 진담반 하는 말로, '나도 불쌍한 사람이야'라는 말을 하는 순간, 정말 알고 보면 불쌍한 경우가 종종 있습니다.

겉보기에는 강인해보이고 어느 한 구석도 빈틈이 없어 보이지만, 정작 그 이면에 숨기고 싶은 부분도 있습니다. 스스로 약점이라고 여겨서 숨기려고 하는 부분도 있지요. 인간이기 때문에 완벽할 수는 없는 것 아니겠습니까? 소리를 버럭 질러대거나 거친 말을 내뱉는 사람들도 사실 알고 보면, 남들에게 얕잡아 보이지 않기 위해 일부러 그렇게 행동하는 경우가 있더군요. 결과적으로 상대방에게 선수를 쳐서 자신을 방어한 셈이지요.

반대로, 너무나 완벽해 보이거나 도덕군자처럼 보여서 허접한 이야기가 도무지 통하지 않을 것 같던 사람이 일순간 망가지는 모습도 볼 수 있습니다. 그 순간, '저 사람도 인간이구나'하고 느끼는 이유도 이와 비슷한 것 아닐까요? 요즘 많이 사용하는 '신비주의' 전략을 구사하면서 쉽게 다가설 수 없을 것처럼 보이는 사람에게도 인간적인 면모는 숨어있게 마련이고, 나름대로 정이 가는 대목도 더러 있을 것 같습니다.

알고 보면, 불쌍하지 않은 사람이 어디 있겠습니까? ‘알고 보면’ 말입니다. 알고 보면 그다지 완벽하지 않은 사람인데, 겉으로 풍겨나는 이미지는 위압적이거나 까칠하고, 그래서 다가서기 부담스러운 사람들이 얼마든지 있지요. 사실, 알고 보면 그다지 다가서기 어려운 사람도 아니고 정겨워 보이는 경우도 있지 않던가요?

여기에서 중요한 것은, ‘알고 보면’이라는 조건입니다. 겉으로 드러난 모습이나 이미지만으로 남에 대해 지레 겁을 먹거나 상대하기 어려운 사람이라는 꼬리표를 붙이기 쉽지요. 하지만 알고 보면, 서로 편할 수 있고 이해할 수 있는 대목도 찾을 수 있습니다. 물론 그 반대의 경우도 없지 않습니다. 평소에 온화하고 꽤나 친숙하며 겸손해 보이던 사람도 어느 순간, 알고 보면 가식적인 모습이 들어나고 그의 정체를 의심하게 되는 경우가 얼마든지 있습니다. ‘알고 보면’ 말입니다.

'알고 보면', 나부터

'알고 보면'이라는 말은 남들에 대해서는 자신이 몰랐던 부분을 새롭게 발견했다는 뜻이지만, 사실 당사자 스스로는 이미 알고 있는 부분이지요. '내가 보는 남', '남이 보는 나', 매우 상대적일 수 있습니다. 그리고 부분적일 수 있지요. 서로를 제대로 알지 못할 가능성이 남아있기 때문입니다. 인간에 대한 이해의 창틀이 있다고 하지요? 창문을 격자로 엮어 네 개로 나눈 그림을 연상해 보자는 것이었습니다. 거기에는 '내가 아는 나', '남이 아는 나', '남이 모르는 나' 그리고 '나도 모르는 나'의 모습이 있다는 이야기 말입니다.

사실, 나 자신이 스스로를 이해할 수 없는 구석도 있을 것 같습니다. '나도 모르게' 혹은 '무의식적으로'라는 말들이 있는 걸 보면 말입니다. 거창하게 정신분석이니 심리학이니 들먹이고 싶지도 않고 제 자신이 그럴 계제도 아니지만, 이런 생각은 해 봅니다. '나도 모르는 나'에 여러 가지 특성들이 포함될 수 있을 것 같습니다. 그 중에서 '습관적으로' 행동하는 일이나 '아무 생각 없이 내뱉은 말'들은 나도 모르게 그렇게 하는 것들이지만, 결국은 내가 책임져야 할 구석이 있는 특성들이지요. 다만 모르고 있을 뿐이지요.

그렇게 보면, 내가 나를 잘 모르는 판에 남에 대해 뭐라 하기가 멋쩍은 경우도 있지 않겠습니까? 사실, '알고 보면'이라는 말은 나에게 먼저 적용해야 하는 것 아닐까 싶군요. 그 중에서, '그 사람, 알고 보면 불쌍한 사람이야'라고 하기 전에, 나 자신이 불쌍한 사람이요, 불쌍히 여김을 받는 존재임을 먼저 알아야 하는 것 아닐까 하는 생각이 듭니다. 나 스스로 완벽하다고 생각하는 경우가 과연 얼마나 되겠습니까? '알고 보면', 나부터 문제가 있고 나부터 불쌍한 사람일 수 있습니다.

불쌍할 구석이 전혀 없다구요? 다행스러운 일입니다. 축하를 드립니다. 하지만, '알고 보면' 그렇지 않을 수 있습니다. 국어사전을 보니 '불쌍함'을 '처지가 가엾고 애처롭다'라고 풀이하더군요. 어떻게 보면, 더 이상 설명할 필요도 없는 말이지요. 불쌍함이라는 것을 한자로 긍휼(矜恤)이라고 적을 수 있습니다. 측은지심(惻隱之心)이나 연민(憐愍)의 정(情)을 느낀다는 말도 이와 비슷한 경우들이겠지요.

하지만 단지 마음이 우중충하거나 우울하다는 느낌이 드는 것만은 아닌 듯싶군요. 나의 정체를 아는 것이요, 깨닫는 것이라는 생각이 듭니다. 그리고 누군가 나를 불쌍히 여겨주어야 하는 것 아닐까요? 나 혼자 스스로를 불쌍하게 생각하면 그것은 고독이거나 자괴감일 수 있습니다. 누군가 나를 불쌍히 여겨주고 나의 처지를 이해하고 나의 이웃이 되어 줄 때, 비로소 내가 생각하는 나의 불쌍함이 남들로부터 인정받는 것 아닐까요? 그래서 말입니다. '알고 보면 불쌍하다'는 말은 스스로 우긴다고 되는 것도 아니고 연출할 수 있는 것도 아니라 불쌍히 여기는 사람이 있어야 불쌍함이 가능하다는 뜻입니다.

여전히 버티고 있는 사람도 불쌍한 것은 마찬가지입니다. 다만 전혀 다른 의미에서 불쌍해 보이는 것일 뿐이지요. 자신의 어리석음을 인정하지 못하거나 불쌍히 여김 받기를 원치 않는 경우들이 그렇습니다. 더 안타까운 것은 정작 자신이 긍휼의 존재임에도 깨닫지 못하는 경우입니다. 나야말로 다른 사람들의 불쌍히 여김과 배려를 바탕으로 존재하고 있다는 사실을 인정하지 않는 경우가 그렇습니다. 자신이 완벽하고 능력이 넘쳐서 오늘의 그 자리에 있는 것처럼 생각하는 경우, 다른 사람들의 배려와 이해와 존중을 무시하기 쉽지요.

제 경험에 비추어 본다면, 스스로 도덕적으로 완벽하다고 생각하는 분들과는 이야기가 잘 되지 않더군요. 오히려 그분들에게 책이나 잡히지 않으면 다행이지요. 비난해야 할 일은 산더미처럼 많고 정작 자신들은 비난에서 제외시키는 분들을 만날 때는 더욱 그렇습니다. 항상 자신만 옳지요. 자신 만큼만 살아보라고 하지요. 그 분들에게 과연 불쌍히 여김이라는 것을 기대할 수 있을지요?

'불쌍히 여기심'의 윤리

사실, '알고 보면' 우리 모두가 불쌍한 사람들 아닐까요? 오직 주의 은혜가 아니면 구원받을 수 없는 존재이기 때문입니다. 우리의 자격이나 공로를 따지지 않고 십자가의 공로를 따라 용서하시며 은혜 베푸시는 것은 오직 우리를 불쌍히 여기심, 즉 긍휼의 열매가 아닐까요? 주께서 우리를 불쌍히 여기셨다는 것, 이것이 중요합니다. 우리 스스로 구원받을 수 없음을 불쌍히 여기셨고 우리 스스로 의로워질 수 없음을 불쌍히 여기셨습니다.

제가 보기에, '불쌍히 여기심'에 복음이 있고 은혜가 있고 윤리가 있습니다. '나는 은혜 베풀 자에게 은혜를 베풀고 긍휼히 여길 자에게 긍휼을 베푸느니라.'(출33:19), '진노 중에라도 긍휼을 잊지 마옵소서.'(합3:2), '긍휼히 여기는 자는 복이 있나니 저희가 긍휼히 여김을 받을 것임이요'(마5:7)

알고 보면, 우리 모두는 불쌍한 사람들입니다. 하나님의 불쌍히 여기심을 통하여 하나님의 자녀가 되고 새로운 존재로 살아갑니다. 내가 완벽하고 조건과 자격을 갖추었기에 사랑하시는 것이 아니라, 자격과 조건이 없음에도 불구하고 사랑하시는 그 사랑, 즉 불쌍히 여기심을 통해 우리가 존재합니다. 불쌍히 여기심으로 구원의 자리에 초청하시는 일, 그것이 하나님의 사랑이기 때문이지요.

문제는 '알고 보면'에 익숙하지 않은 겁니다. '알고 보면' 불쌍한 사람들에 자신이 포함되어 있음을 애써 외면하려는 경우가 그렇습니다. 우리가 이미 긍휼히 여김을 받은 존재이기에 긍휼을 베푸는 자로 살아야 마땅합니다. '무조건 긍휼을 베풀어라', '따지지 말고, 쟁론하지 말라'는 뜻이 아닙니다. 소비자의 권리, 국민의 알 권리, 국가로부터 보호받을 권리를 비롯한 시민적 권리를 말하는 것은 지극히 당연한 것이지만, 그 바탕에 자기정체성에 관한 질문이 필요하다는 의미입니다.

'알고 보면' 나 자신이 주의 불쌍히 여기심을 받은 존재라는 그 사실을 인식하고 인정해야 한다는 겁니다. 비판할 수 있으나 비난하고 정죄하고 심판하는 일은 오직 주께 위탁해야 합니다. 우리가 심판받아 마땅한 자들이지만 주는 우리를 불쌍히 여기시어 새롭게 기회를 주시고 용서하시며 새로운 존재로 만들어 주셨기 때문입니다. 바로 여기에 기독교윤리의 탁월성이 자리합니다. 긍휼은 심판을 이기느니라.(약2:13)

긍휼의 윤리에 대한 오해나 선입견-'무조건 덮어주자는 것인가?' 아닙니다. 윤리적 정체성 문제부터 짚고 넘어가자는 것입니다. 우리는 믿음으로 말미암은 의인이지만, 여전히 숨기고 싶은 것이 많은 죄인 아닐까요?

내가 동산에서 하나님의 소리를 듣고 내가 벗었으므로 두려워하여 숨었나이다. (창3:10)

인간, 숨고픈 존재

나이에 비해 젊어 보이는 분들이 부쩍 많아진 것 같습니다. 젊게 사는 것 자체는 좋은 일입니다. 정도를 넘어서지 않으면 말입니다. 가끔은 얼굴을 찌푸려야 하는 경우도 없지는 않습니다. 나이 드신 분이나 젊어 보이려고 애를 썼지만 어딘지 어색하고 민망해 보이는 경우들 말입니다. 겉모습만 젊어진다고 다 되는 것은 아니겠지만, 우리사회에 불어온 웰빙 열풍과 함께 젊게 산다는 것에 관심이 정말 많아진 것 같습니다. 생각도 젊게 하면 더 좋을 것 같습니다. 너도 나도 다 젊어지면 과연 누가 어른 노릇을 할 것인지 걱정되기도 하구요.

어떻게 보면, 젊게 살려고 하시는 분들에게는 두 가지 희망이 복합적으로 작용하고 있는 것은 아닐까요? 나이가 들어도 겉모습은 젊어 보이고 싶은 욕구가 그 하나이고 다른 하나는 이제까지 쌓아온 것들은 놓치지 않고 누리고 싶은 욕구이지요. 흔히 말하기를 여행을 좋아해도 젊어서는 돈이 없어서 못하고 늙어서는 힘이 없어서 못 간다고 했는데, 요즘에는 잘 들어맞지 않는 말인 것 같습니다. 젊은이나 어른이나 할 것 없이 돈도 있고 힘도 넘치는 분들이 많은 것 같습니다. 젊은이와 어른의 경계선이 사라지고 있다는 말입니다. 하지만 이따금 우리들 삶의 현장에서 '이런 때 어르신이 꼭 계셔야 하는구나' 하며 어르신을 그리워하는 상황도 있습니다. 가부장적 권위주의가 그립다는 것은 아닙니다. 연륜에서 묻어나는 안정감, 통찰력, 깊이, 뭐 그런 것들이 아쉬운 경우들이 있는 것 같습니다.

어쨌든, 나이가 든다는 것은 피할 수 없는 일이지요. 사실, 저 자신도 점점 나이 들어가지만, 제 윗세대 어른들처럼 지혜와 통찰을 가질 수 있을지 염려스럽기도 합니다. 그리고 한 가지 더 생각하게 되는 것은 나이가 들수록 숨기고 싶은 것이 많아진다는 겁니다. 주름살, 몸매, 피부트러블 등등 외모에서 숨기고 싶은 것이 많아지는 것 같습니다. 그래서 요즘은 코디네이션이라는 말을 일종의 '숨김의 미학'이라고 부르고 싶어집니다. 그것뿐이겠습니까? 전화발신자 표시를 숨기고 싶은 사람도 있을 것이고, 컴퓨터 파일에 숨김 기능을 적용해서 나만의 비밀로 간직하고 싶은 일도 있을 겁니다.

문제는 외모나 사물 뿐 아니라 내면의 진실도 숨기고 싶은 것이 많아진다는 겁니다. 대놓고 직설적으로 말하기보다 우회적으로 돌려 말하고 싶은 경우도 있고, 어떤 때는 아예 숨기고 싶은 일도 겪게 되는 것 같습니다. 좀 더 정확하게 말한다면, 숨기고 싶은 것이 점점 더 많아진다고 해야 하겠지요. 변명과 자기합리화에 능숙해 진다고나 할까요? 사실, 자기합리화는 어떤 의미에서 진실을 숨기는 것이요, 숨기고 싶은 것이 있다는 이야기라고 할 수 있겠습니다.

어떻게 보면 숨는 것은 인간의 본성입니다. 창세기에 나타난 아담과 하와의 모습이 그렇지요. 그들이 금하신 실과를 먹은 후, 하나님께서 질문하셨지요. '네가 어디 있느냐?' 지리적 위치를 물으신 것이 아니라 영적 상태와 태도를 물으신 질문일 겁니다. 아담의 대답은 간단했습니다. '숨었나이다.' 아담으로 상징되는 인간

자체가 하나님 앞에 숨고 싶은 자요, 숨은 자라 하는 것이 맞을 듯 싶습니다. 우리는 숨기고 싶은 것이 있기에 숨고자 합니다. 하지만 문제는 숨기고 싶어도 숨길 수 없고 숨어도 숨지 못한다는 것이지요. 그것이 하나님 앞에 선 인간의 한계요 정체입니다.

숨고 싶어 죄송한 인생

우리가 살아가는 과정을 잘 보면, '죄송한' 경우들이 참 많은 것 같습니다. 직장 상사에게, 주변사람들에게 '죄송합니다' '미안합니다' 'I'm Sorry'를 연발하며 사는 것이 우리들의 모습 아닐까요? 도대체 무엇이 그리 죄송하고 미안하다는 겁니까? 나를 믿어주고 나에게 기회를 주었건만 일을 제대로 추진하지 못하고 뜻하지 않은 결과를 낳을 수 있습니다. 죄송하고 미안한 일이지요. 어떤 때는 숨고 싶은 경우도 있지요. 감히 양해를 구하는 것 자체가 마음에 내키지 않고 마음으로부터 미안한 경우들이 있습니다. 특히 비슷한 경우에 비슷하게 실수할 때, 같은 일에 두 번 세 번 동일한 실수를 반복할 때, 정말 죄송하고 미안하고 나 자신이 서글퍼지는 경우들이 더러 있지요.

문제는 '숨길 것이 있고 숨고 싶어 하는 자, 항상 죄송합니다만 연발하는 자를 어떻게 대할 것이냐?' 하는 데 있습니다. 그를 율법적으로 대할 것입니까? 혹은 복음을 그에게 줄 것입니까? 율법적으로 정죄하고 비난하는 관점에서 접근하면, 가뜩이나 울고 싶은 아이 건드리면 울음보가 터지는 것이나 다름없지 않겠습니까? 복음을 주어야 합니다. 그것도 긍휼의 복음, 은혜의 복음을 말입니다. 생각해보세요. 하나님이 아담을 왜 찾으셨을까요? 주께서 음성을 들려 주셨다는 것 자체에 초점을 맞출 필요가 있습니다. 용서와 안타까움의 마음을 표현한 것일 테니까요.

만일 하나님께서 우리를 참아주시지 않고, 우리를 긍휼히 여기시는 은혜가 없었다면 인류는 어떻게 되었을까요? 참으로 두렵습니다. 그러나 감사하게도 하나님은 떳떳이 나타날 수 없어서 숨은 자를 사랑하시고, 쥐구멍에라도 숨고 싶고 죄송하기 짝이 없는 자를 불쌍히 여기시고 사랑하셨습니다. 이것이 복음입니다. 그리고 여기에 윤리의 근거가 있습니다. 우리가 긍휼을 입은 자들이기에 긍휼을 실천해야 한다는 것이지요. 말하자면, 긍휼의 윤리인 셈입니다.

생각해 보면, 우리 삶은 하나님 앞에서 영락없이 '죄송한 인생'입니다. 용서하시고 사랑하심에도 불구하고 여전히 숨고 싶고 숨기고 싶은 일을 반복합니다. 정말 죄송할 따름입니다. 오직 은혜가 있었기에 오늘이 있고, 오직 주의 긍휼이 있었기에 우리가 복음의 사람이 될 수 있었습니다. 하지만 우리들의 삶은 여전히 진실하지 못한 구석이 있고, 숨기고 싶은 부끄러움이 득실거리는 모습으로 살고 있습니다. 정말 죄송하기 그지없습니다.

죄송한 인생, 긍휼의 윤리

〈고백록〉을 보면, 어거스틴이 복음의 진리를 발견했음에도 불구하고 여전히 옛 습관과 악행들에 얽매여 고민하는 대목이 있습니다. 나쁜 습관의 연결고리를 끊고 싶지만 쉽게 결단한다고 그렇게 되지 않는 부분이 있었던 모양입니다. 그러나 생각해 보세요. 만일 그 때, 어거스틴이 스스로를 구제불능이라고 낙인찍어 놓고 복음을 향한 회심을 포기했다면 어떻게 되었을까요? 물론 하나님께서 그에게 은혜를 주시어 기어코 복음의 사람이 되게 하셨겠지만, 그가 반복되는 악습들 때문에 복음을 향한 열정을 포기했더라면 더 많은 시간이 허비되었을 테지요. 죄송해서 어떻게 하나, 면목이 없어서 어떻게 다시 하나님께 나아갈까 머뭇거릴 일이 아니지요. 부끄러워서 숨기고 싶고 숨고 싶은 사람, 죄송하고 면목이 없는 자라도 주께 은혜를 구하면 그를 불쌍히 여기시는 긍휼의 은혜로 그를 사랑하시고 새롭게 하시는 하나님을 잊어서는 안 됩니다.

가장 좋은 것은 숨고 싶은 일을 하지 않은 것이지요. 숨으려 하지도 말고 숨기려 하지도 말아야 하겠지요. 숨을 짓을 안 하면 되지 않겠냐고 말하는 것은 쉽습니다. 숨기고 싶고 숨고 싶은 일들이 없다면야 얼마나 좋겠습니까만, 꼭 그렇게 마음먹은 대로 되는 것은 아닌 것 같습니다. 그러나 우리가 여전히 죄송하게도 그 일들 속에 머물고 있다는 것이 문제입니다. 죄송하다는 것이 어디 꼭 실정법을 위반했다고 죄송하다는 뜻이겠습니까? 주를 위해 살고자 하며 그렇게 애는 쓰지만, 잘 안 되는 경우가 있습니다. 인간은 어쩔 수 없는 죄인이구나 하는 생각이 드는 경우들이 허다합니다.

주는 우리를 용납하시되 숨은 자도 사랑하시고 숨고 싶은 자도 여전히 사랑하시는 하나님이시라는 사실을 기억해야 합니다. 그래서 더 죄송하고 면목이 없고 부끄러움에 얼굴을 못 드는 것이 우리들의 가장 분명하고 솔직한 모습이지요. 문제는 부끄럽고 죄송한 인생을 용서하시는 은혜에도 불구하고 여전히 율법적이며, 정죄하기에 익숙하다는 데 있습니다. 정작 자신의 죄는 어쩔 수 없는 상황이었다고 정당화하거나 남들 보기에 좋은 모습만 내놓으려고 애를 쓰는 것이 우리들의 모습이 아닌가요?

가만히 보면, 우리시대는 정죄와 비난은 있으나 긍휼이 없는 것 같습니다. 안티는 넘쳐나고 덕스러움은 턱없이 부족합니다. 권리는 있으나 공동체를 위한 기여와 책임이 없는 시대입니다. 야고보 사도의 권면을 귀담아 들어야 할 시대를 우리가 살고 있습니다. 긍휼은 심판을 이기느니라.(약2:13) 이제부터라도 비난하고 정죄하는 것을 넘어 덕을 세우고, 덕스럽게 하고, 용서와 은혜를 말해야 하겠습니다. 숨은 자, 숨고 싶은 자, 그래서 늘 죄송하고 아쉬운 자도 여전히 크게 사랑하시는 주의 은혜, 주의 긍휼을 기억해야 하겠습니다. 긍휼은 심판을 이기느니라.(약2:13)

긍휼의 윤리는 '긍휼히 여기는 자의 윤리'라고 할 수 있습니다. 이미 우리 자신이 긍휼히 여김을 받은 존재들이기 때문입니다. 억지스러운 우리를 참아주신 주의 사랑에 응답하는 윤리라고 할까요?

내가 긍휼히 여길 자를 긍휼히 여기고 불쌍히 여길 자를 불쌍히 여기리라. (롬9:14)

억지를 참아준 사람들

이따금 말도 안 되는 소리를 늘어놓는 분들을 만날 수 있습니다. 게다가 고집까지 부리는 경우에는 정말 답답하기 짝이 없지요. 자기 생각이 절대적으로 옳다고 우기는 분들을 만나면 그 자리를 피하고 싶어집니다. 그렇게 우겨대는 분이 나보다 상급자이거나 연장자 혹은 선배 내지는 무시하지 못할 지위에 있는 경우에는 꾹 참고 들어주어야 하는 억울한 상황도 겪게 마련입니다.

하지만, 잘 생각해보면 내가 만난 사람들 중에만 억지스럽게 우겨대는 사람이 있었던 것은 아닌 것 같습니다. 혹시 나 자신이 다른 사람들에게 그렇게 비춰졌을지 생각은 해 보셨습니까? 남들이 억지를 부린다고 하기 전에 남들에게 내가 부린 억지와 어리석음은 없었는지 깊이 생각해 보아야 합니다.

솔직히, 제 경우에도 다른 분들이 참아주고 용납해 주었기에 그럭저럭 넘어간 억지스러움이 저 자신에게 더 많았던 것 같습니다. 곰곰이 생각해보면, 스스로 낯이 붉어질만한 일들도 없지 않았습니다. 내 주장을 일방적으로 강요하기도 했고 다른 분들의 주장에 '초를 치는' 발언들로 무안을 준 일도 있었던 것 같습니다.

사실, 내가 억지를 부리고 고집을 쓰더라도 남들이 나를 위해 참아주고 내 뜻에 따라주기 바라는 마음이 많았던 것 같습니다. 그렇게 보면, 나의 억시를 참아준 사람들이 있기 때문에 그마나 오늘의 내가 있는 것은 아닌가 하는 생각도 듭니다. 남의 억지를 참아주고 그의 말을 들어주며 그를 이해하는 마음으로 접근하는 노력이 필요함을 새삼 느끼게 됩니다.

긍휼히 여기는 자

예수께서 주신 산상보훈 첫머리에 나오는 8복 중에, 긍휼히 여기는 자는 긍휼히 여김을 받을 것이라는 말씀을 기억하실 겁니다.

긍휼, 즉 불쌍히 여긴다는 것은 눈에 드러나는 환경이나 처지가 경제적으로 불쌍하기 때문에 불쌍히 여기는 경우도 있겠지만, 그의 내면에 숨겨진 아픔과 갈등 그리고 영적 고민까지도 헤아리는 마음이 긍휼의 마음이라고 할 수 있겠습니다. 모든 사람에게 마음의 갈등과 고민이라는 죄의 흔적이 남아 있음을 불쌍히 여기고 그가 복음으로 새로워지기를 바라는 마음이 곧 긍휼이 아닐까요?

비슷한 말 중에, '배려'라는 것을 생각해 봅니다. 이해하고 기다리며 용납하는 것이지요. 그의 입장에 서서 그를 우선시하고 그를 위해 베풀고 그가 자기주장을 하도록 기회를 주는 것이지요. 그렇게 함으로써, 상대방이 상처받지 않게 하는 것이요, 나와 그가 서로 어긋나지 않도록 관심을 기울이는 것이라고 할 수 있겠습니다. '무엇을 행할 것인가?' 하는 물음보다 '어떻게 하면 좋은 관계를 만들 것인가?' 하는 것에 관심을 쏟는 것이라고도 볼 수 있겠습니다.

최근에 이런 주제를 윤리학에 도입한 분들이 있습니다. 배려 윤리 또는 돌봄의 윤리, 보살핌의 윤리 등으로 번역되는 것들이 있습니다. 여성주의 윤리학이라고 부르기도 하고 관계중심의 윤리라고도 말하기도 합니다. 예를 들어, 선명한 가치판단을 통해 도덕적 판가름을 내리는 것보다 공동체를 유지하고 좋은 관계를 유지하려는 마음으로 문제에 접근하려는 입장이라고 할 수 있겠습니다.

굳이 전문적인 윤리용어를 사용하지 않더라도, 배려한다는 것은 곧 상대방을 보살피고 돌보는 것이며 그에게 관심을 가지는 것이라고 하겠습니다. '긍휼'이라는 말에 이러한 배려의 가치들도 담겨 있다고 할 수 있습니다. 좀 더 분명하게 말한다면, 긍휼의 마음이 우선되어야 배려를 이야기할 수 있을 것 같습니다. 상대방을 불쌍히 여겨야 비로소 그를 배려할 수 있기 때문입니다.

한 가지 짚고 넘어갈 것은 긍휼히 여김에서 나오는 배려의 덕목을 자기중심적으로 이해하기 쉽다는 점입니다. 대개, 남이 나에게 배려해주기를 기대하는 습성이 있지요. 내가 남에게 억지를 쓰고 있다는 것은 생각하지 못한 채, 나를 대하는 사람들이 좀 더 관대하고 배려하는 마음으로 나를 대해주기 바라는 것이 아마도 일반적인 마음일 겁니다. 바로 여기에 우리의 고민이 있습니다. 만약, 모두가 자신을 배려해달라고만 요구하면, 과연 배려를 베풀어야 하는 사람은 과연 누구라는 말입니까? 남이 나를 배려하기를 기대하는 것보다 내가 남을 배려하는 일에 더 큰 관심을 기울여야 하는 것은 아닐까 생각해 봅니다.

긍휼히 여기는 자의 윤리 – 은혜윤리

긍휼히 여긴다는 것은 참으로 소중한 가치이자 실천덕목입니다. 그 원천에 우리를 불쌍히 여기시는 하나님의 사랑이 있기 때문입니다. 이 점에서, 우리는 주께서 우리를 긍휼히 여기지 않으셨다면, 이미 진노와 심판으로 멸망하고 말았을 존재라는 사실을 잊어서는 안 됩니다. 이것이 우리의 윤리적 정체성이요 도덕의 기초이어야 합니다. 그리고 이러한 주의 위대한 긍휼에 근거하여 긍휼히 여기는 자가 되어야 합니다.

예수께서 주신 복된 말씀은 긍휼히 여기는 자가 되라는 것이요, 긍휼히 여기라는 것이라는 것이지 긍휼을 일방적으로 요구하거나 쟁취하라는 말씀은 아닐 겁니다. 나는 하나님의 엄청난 긍휼을 힘입은 자이면서 정작 나 자신은 다른 사람들에게 조그마한 긍휼도 베풀려 하지 않는다면, 이것이야말로 문제입니다. 그렇기에 바로 여기에 긍휼히 여기는 자의 윤리를 세워야 합니다. 이미 긍휼히 여김을 받아 새로운 존재가 되었기에 우리 역시 긍휼히 여기는 자로 살아야 마땅하다는 것이지요.

긍휼을 말하면서 긍휼하지 않으면 그것은 위선입니다. 우리는 이미 은혜를 받은 자이기에 은혜를 베풀 수 있을 때, 은혜지향적으로 행동하는 것이 마땅합니다. 내가 가진 능력과 지위와 권세로 나를 위한 이익을 추구하거나 여전히 남이 나에게 긍휼을 주고 배려하는 마음으로 대해주기만 기다린다면, 영적이고 윤리적인 성숙은 기약할 수 없습니다. 나에게 힘이 있고 기회가 있을 때, 복음을 위해 긍휼을 실천하는 사람, 은혜를 확대재생산하고 확산시키는 실천가로 거듭나야 하겠습니다. 이것이 바로 긍휼히 여기는 자의 윤리입니다.

특히, 은혜공동체인 교회 안에서, 내가 만나는 사람들에게 배려하고 섬기는 마음으로 다가서야 합니다. 주는 나를 위해 고난 받으신 분이신 동시에 내가 만나는 그를 위해서도 주께서 피 흘려 고난 받으셨다는 사실을 잊어서는 안 됩니다. 이미 불쌍히 여김을 받은 자로, 배려와 섬김을 통해 긍휼을 실천할 때, 우리의 교회는 아름다운 이야기들로 풍성해지리라 확신합니다.

그렇다고, 교회 안에 스며든 사회적 악행이나 범죄행위들까지 모두 적당히 눈감아주자는 뜻은 결코 아닙니다. 은혜를 강조하는 사도바울이 고린도교회에 보낸 강도 높은 윤리적 경고들은 모든 것을 대충 덮고 지나가는 것이 은혜윤리가 아니라는 것을 보여줍니다. 예를 들어 법률이 이미 다스린 악행은 응분의 대가를 치르는 것이 마땅하겠지요. 그 과정 속에서 그가 복음의 사람으로 새로워지도록 기다려야 하겠지요. 정작 용서를 빌어야 할 사람이 왜 용서하지 않느냐고 용서받을 권리를 주장하는 경우가 생긴다면, 그야말로 넌센스입니다.

그럼에도 불구하고 우리는 여전히 그가 그리스도의 사람으로 새로워지도록 기다려야 하겠지요. 진정한 회개와 자기갱신의 노력을 기다리며 그를 긍휼히 여기는 것, 그것이 온당하다고 하겠습니다. 교회는 비난과 정죄가 이끌어가는 이 세상과 동일한 곳이 아니기 때문입니다. 여기에서 우리는 다시금 주의 말씀을 기억해야 합니다. 긍휼히 여기는 자는 긍휼히 여김을 받을 것이요(마 5:7), 긍휼은 심판을 이기느니라.(약2:13)

긍휼의 윤리는 비판을 거부하지 않습니다. 비판이 비난으로 전락하지 말아야 한다는 생각입니다. 더구나 비난하는 자에게도 윤리가 있음을 기억해야 합니다. 비난을 위한 비난, 정죄와 심판으로 치닫지 말아야 합니다.

긍휼을 행하지 아니하는 자에게는 긍휼 없는 심판이 있으리라. (약2:13)

'봐 주는 것'과 '손 봐 주는 것'

흔히 쓰는 말 중에, '봐 주다'라는 말이 있습니다. 동사의 원형은 '보아주다'이겠지요. 이 말에서, '보다'는 단어자체는 신체기관의 하나인 육안의 기능을 지칭하는 것이지만, 내용상으로는 '보살핌', 혹은 '배려'와 '후원' 그리고 '용서'와 같은 다양한 뜻을 담고 있습니다.

재미있는 것은 '보다'라는 말이 '못 본 것으로 하다'의 뜻으로 사용되기도 한다는 점입니다. 예를 들어, '이번 한번만 봐 준다' 했을 때는 잘못이나 실수를 발견했지만, 그럼에도 불구하고 용서하고 관용을 베푼다는 말인 것 같습니다. '보고도 못 본 것'으로 하는 셈이지요.

하지만, '봐 주다' 앞에 '손'이라는 말을 붙이면 뜻이 완전히 달라집니다. 기계나 물품을 수리하는 경우에도 '손을 보다'가 사용되지만, '손 좀 봐 줘야 겠다'는 표현은 처벌, 응징, 심판의 뜻을 담고 있습니다. 용서하지 않겠다는 뜻이지요. 보고도 못 본 것으로 하겠다는 '봐 주다'가 '손'이라는 말 하나 넣어서 완전히 반대의 뜻을 담은 말이 되는 셈이지요.

이렇게, '봐 주는 것'과 '손 봐 주는 것' 사이에는 큰 차이가 있습니다. 하나는 용서와 관용을 말하는 것이요, 다른 하나는 응징과 처벌을 뜻합니다. 굳이 공통점을 찾는다면, 그것이 모두 내 몫이라는 겁니다. '봐 주는 것'도 내 몫이고, '손 봐 주는 것'도 내 몫입니다. '봐 달라'고 말하는 것은 상대방의 요청일 뿐, 어디까지나 내가 결정해야 하는 일이지요.

비난이라는 것도 그렇습니다. 비난하고 말고는 어디까지나 내 몫입니다. 비난해야 할 일을 용서하는 것도 내 몫이요, 용서하지 않고 비난을 퍼 붓는 것도 내 몫입니다. 다른 사람들, 즉 제3자들은 어드바이스 할 수 있을 뿐입니다. 내가 결정하는 겁니다. 나의 도덕의식과 인품에 따라 비난하고 폭로하기도 하고, 용서하고 긍휼을 베풀 수도 있겠지요.

비난이 욕설과 정죄로?

비난이라는 것은 오랜 사회적 관행이라 할 수 있습니다. 최소한의 도덕적 제재수단이지요. 사회적으로 격리되어야 할 범죄자에 대한 처벌은 도덕의 몫을 넘어 법률의 영역에 속합니다. 물론, 도덕과 법률과의 관계에 대해서는 여러 의견이 있습니다. 어떤 학자들은 말하기를 법률이란 최소한의 도덕이라고도 말합니다. 또 다른 사람들은 법률과 도덕이 상호보완적이라고 보기도 하고 도덕과 무관하게 법률의 자율성을 말하는 경우도 있습니다.

상식적으로, 법률에는 강제성이 있고 도덕에는 자율성이 작용합니다. 특히 도덕적 자율성이라는 점에서 본다면, 비난이라는 것은 양심에 호소하여 도덕적인 실수와 잘못을 바로잡고자 하는 것이라 하겠습니다. 법률처럼 강제적인 집행능력을 따르기보다 자율성과 양심에 기대를 거는 것이지요.

그런 점에서, 도덕적 비난은 도덕적이어야 합니다. 하지만, 우리 주변을 보면 비난이 도덕이라는 한계를 벗어나거나 빗나가는 경우들이 있는 것 같습니다. 도덕적인 교정을 목적으로 하는 것이 아니라, 개인의 주관적인 감정을 실어서 표현하는 경우들이 있습니다. 비난이 아니라 '욕설'로 이어지는 경우들이 그렇습니다.

비난을 위한 비난 그리고 욕설로 채워진 비난은 결코 바람직하지 않습니다. 특히, 집단감정에 휩쓸리거나 특정한 목적을 따라 조작되어서 누군가를 매도하거나 사회적으로 매장시키는 비난은 도덕적 정당성을 가질 수 없습니다.

또한 비난이 도를 넘어서는 경우도 있습니다. 제대로 비난하려면 비난받는 자의 양심에 호소하여 그의 잘못을 바로잡고 선(善)을 회복시켜야 하지만, 요즘에는 아예 낙인을 찍어버리고 재기불능으로 만드는 경우들이 있습니다.

흔히 말하는 인민재판식의, 또는 마녀사냥식의 비난은 고쳐져야 마땅합니다. 특히, 누군가의 잘못을 말할 때, 우리가 놓치지 말아야 할 것이 있습니다. 도덕적 가치와 의의입니다. 그것을 상실하면 도덕적 비난 자체가 문제일 수 있습니다.

이것을 정죄(定罪)라는 말로 바꿀 수 있겠습니다. 만일 사회적으로 격리시켜야 할 사람이라면, 도덕이 아닌 법률을 통해 다루어야 하겠지요. 그러나 법률에 저촉되지 않는 도덕의 영역에서 비난받을 일들이 인권에 대한 침해나 삶에 대한 근본적인 공격으로 이어진다면, 이는 정당화될 수 없습니다.

마치 〈주홍 글씨〉에 나오는 것처럼 도무지 구제받지 못할 죄인이라는 낙인을 찍어 버리는 것, 이것이 문제입니다. 도덕적 의미의 비난을 넘어서 아예 심판을 내리는 것이라 할 수 있습니다. 다시는 발붙이지 못하도록, 도무지 재기할 수 없게 만들어 버리려는 것은 도덕적 비난의 참 뜻이 아니겠지요.

긍휼의 마음을 품어야

비난이 도덕적일 수 있으려면, 선(善)에 대한 인식과 목적의식이 전제되어야 합니다. 일찍이 어거스틴은 이렇게 말했습니다. '집안에서 누군가 가정의 평화를 해친다면, 정당하고 합당한 징계로 바로 잡아야 한다. 징계를 받는 당사자가 스스로 이탈한 평화에 다시 적응하도록 당사자의 선(善)과 도덕적 유익을 도모하는 징계

이어야 한다'고 말입니다.(신의 도성, XIX.16)

여기에 비난하는 자의 윤리가 있습니다. 도덕적 비난을 위해서는 비난받는 자의 심경을 헤아려야 합니다. 누군가를 욕하거나 미워하는 마음을 표현하는 것은 도덕 이전에 감정의 문제가 아닐까요? 우리들의 윤리의식이 정당화되기 위해서는 욕설과 감정으로 치닫지 말아야 합니다. 더구나 정죄하고 심판하는 자리에 이르러서는 안 됩니다. 도덕적 목적에 충실해야 한다는 뜻입니다.

가장 좋은 것은 비난 이전에 긍휼의 마음을 품는 것입니다. 한 영사전을 뒤적거리다가 흥미로운 번역을 하나 발견했습니다. '봐주다'의 영어번역 중에 'pass over'라는 단어가 들어있습니다. 사실, 이 단어는 출애굽기에 등장하는 유월절을 뜻하는 말이지요. 재앙을 내리는 심판이 히브리 민족의 집에는 적용되지 않고 넘어갔다는 유래가 있습니다. 그것은 히브리 민족이 도덕적으로 탁월해서 심판이 지나가 버린 것이 아니었습니다. 문설주에 바른 양의 피를 보고 그것을 기준삼아 그들을 배려하고 보호했던 사건이었습니다.

이렇게 본다면, 기독교윤리, 교회의 윤리는 긍휼의 윤리이어야 합니다. 우리가 구원을 얻은 것은 탁월한 도덕성 때문에 당당하게 법률적으로 승소한 것이 아니지요. 오직 주의 불쌍히 여기심, 곧 긍휼의 승리였음을 기억해야 합니다. 이것은 인간의 정의감이 요구하는 법률적 완전성을 넘어서는 겁니다. 다시 말해 하나님의 의(義), 곧 은혜로운 선물로 구원받았다는 뜻입니다. 바로 여기에 우리가 비난과 정죄와 심판을 넘어 긍휼을 앞세워야 할 이유가 있는 있습니다. 비난과 정죄와 심판 이전에, 긍휼의 은혜가 필요합니다. 긍휼은 심판을 이기느니라.(약2:13)

비난에 익숙해진다면

알고 보면, 우수고객 할인제도가 은근히 많은 것 같습니다. 단골이라고 할인하고 청소년이라고 할인하고 특정한 요일이라서 할인하고, 특정한 수가 적용된 날이라서 할인되고 …… 할인혜택을 그다지 받아보지 못한 터라 부럽기만 합니다. 어떻게 받아야 하는지, 어디서 할인이 된다는 것인지, 혹시 결과적으로는 내 호주머니에서 나가는 것은 아닌지 등등 여러 가지 생각이 듭니다.

어쨌든, 할인이라는 것에는 '얼마나 자주 구매했는가?' 또는 '얼마나 많은 액수를 사용했는가?' 하는 빈도(頻度) 내지는 규모(規模)에 대한 계산이 작용하는 것 같습니다. 대부분, 인터넷쇼핑몰이나 통신사 서비스를 자주 들락거리며 많이 이용하는 사람, 즉 단골손님에게 할인혜택이 주어진다는 점에서 보면, 그만큼 익숙해졌다는 이야기가 되겠습니다.

　하지만, 익숙해져도 안 되고, 단골 삼을 일도 아니고, 할인받을 우수고객이 되면 절대로 안 되는 것이 있습니다. 비난과 변명입니다. 특히 비난받는 일에 익숙해져서는 안 됩니다. 비난을 받는다는 것은 결코 유쾌한 일이 아님에도 불구하고 단골로 비난받는 사람이 되어서도 안 됩니다. 상습적으로 비난받는 사람이라면, 이건 보통 문제가 아니지요.

　어떤 경우에는, 비난받고 책임져야 마땅한 일들을 모면하려고 '변명'하는 사람들을 볼 수 있습니다. 이러쿵저러쿵 변명을 반복하는 사람치고 진실한 경우를 보기 드물지요. 변명에 익숙한 단골손님이 되어 대충 넘어가자는 사람에게 과연 무엇을 기대할 수 있겠습니까? 자주 실수하는 것도 문제이지만, 변명을 밥 먹듯 하는 사람, 더 크게 경계해야 할 것 같습니다. 변명은 책임전가로 이어지고 결과적으로, 자신의 잘못을 인정하지 않는 더 큰 악행을 낳기 때문입니다.

물론, 소명(疏明)을 해야 한다면 당연히 해야 하겠지요. 중요한 권리이자 절차이니까요. 하지만, 자신의 잘못을 인정하지 않고 어떻게 해서든 빠져나가려고 하는 것은 문제가 있습니다. 변명이 많은 사람일수록 진실성에 구멍나버린 경우들이 많을 것 같습니다. 변명의 빈도나 규모가 커질수록 할인혜택을 주어야 할 반가운 단골손님이 아니라, 변명을 들어주어야 하는 사람들에게 근심을 안겨줄 뿐이지요.

용서받을 권리?

비난받는 자가 된다는 것은 참으로 고통스러운 일입니다. 심적 고통은 물론이고 주변사람들 보기도 민망하고, 나를 믿어주는 분들에게 뭐라 할 말이 없게 되지요. 하지만, 비난받는 것이 고통스럽다고 해서 비난이라는 것 자체가 아예 없어지기를 바라기보다는 비난받을 일을 하지 말아야 하겠지요. 그리고 그 일들이 반복되지 않도록 노력해야 하겠지요.

비난하기는 쉽지만, 비난을 견뎌내는 것은 결코 쉽지 않습니다. 비난이라는 것 자체가 없으면 어떨지 모르겠지만, 비난하고 비난받는 것은 오랜 사회적 관행이고 도덕의 기본적인 제재수단이었습니다. 민형사상의 처벌을 받는 단계에까지 이르면 그것은 이미 도덕의 문제를 넘어선 것이라 할 수 있겠습니다. 도덕적으로, 사회적으로, 법률적으로 비난받을 일을 없이 살 수 있다면, 얼마나 좋겠습니까?

어떤 경우에는, 잘못을 인정하기보다 변명에 급급해서 또 다른 거짓을 지어내고, 때로는 적반하장(賊反荷杖)으로, 당돌하게도 '용서받을 권리'를 주장하는 경우도 있습니다. 특히 자신의 과오와 악행을 '사회 탓'으로 돌리는 경우가 그렇습니다. 심지어 '유전자'까지 들먹이면서 타고난 성격의 문제로 둘러대는 경우도 있습니다. 물론 범죄심리학에서 이런 부분을 다루기는 하지만, 적어도 비난받을 그 사람의 면책을 위해서 조사하는 것은 아닐 겁니다.

어쨌든, 용서받을 권리라는 것 자체가 있을 수 없습니다. 용서는 비난받는 자의 몫이 아니라 용서하는 자의 몫이기 때문입니다. 비난받는 자의 몫은 겸허한 자기성찰과 진정한 참회일 겁니다. 사회를 탓할 것도 없고 남들이 도와주지 않아서 그랬다고 말할 이유도 없습니다. 비난받을 일을 한 장본인이 문제이기 때문입니다.

이것을 책임의 귀속이라는 말로 설명할 수 있을 것 같군요. 자유의지를 가진 행위자 자신이 저지른 일에 대해서는 칭찬도 비난도 행위자의 몫입니다. 고대 그리스의 철학자들은 인간의 행위들은 그 원인이 자신에게 있다는 이유로 행위자 자신이 책임져야 할 장본인이라고 생각했던 것 같습니다. 말하자면, 비난받는 일과 비난받는 자는 분리될 수 없다고 하겠습니다.

긍휼의 은혜를 구해야

일생을 살면서 비난받을 일을 하지 않는 것이 최선이겠지만, 누구라도 실수할 수 있다는 점을 감안한다면, 비난받은 순간에 필요한 것은 진실입니다. 다른 말이 필요 없지요. 그럴싸한 변명으로 위기의 순간을 모면했다손 치더라도 역사의 주인이신 하나님께서 지켜보고 계신 까닭에 진실이 승리하리라고 우리는 배워왔고 또 그렇게 믿고 있습니다.

이러한 의미에서, 우리에게 필요한 것은 변명이나 자기합리화가 아니라 잘못을 인정하는 것이요, 하나님 앞에서 철저한 회개와 자기갱신의 노력입니다. 하지만, 회개하는 데 익숙해지면 곤란합니다. 회개한다는 것은 자신의 잘못을 인정하고 뉘우치고 교정하겠다는 신앙의 표현이 되어야 하는데, 여전히 회개해야 할 그 일에 머물고 있다면, 그것이야말로 병든 신앙 아니겠습니까? 더구나 회개하는 그 순간 뿐, 이내 현실에서는 상습적으로 악한 일에 젖어서 습관화되어 있다면, 이것보다 더 위험한 일은 없습니다.

일찍이 어거스틴은 이 부분에 아주 큰 깨달음을 얻었습니다. 〈고백〉 8권 전후를 읽어보면, 습관에 대한 이야기가 나옵니다. 어거스틴이 마니교의 악습과 거짓을 깨뜨리고 나왔을 때, 모든 것이 단 번에 다 변할 것처럼 생각했는데, 현실은 그렇지 못했습니다. 그는 여전히 옛 사람의 모습을 버리지 못하고 있었던 것이지요. 어거스틴은 이것은 습관의 끈질기고도 지독한 그림자라고 했습니다. 습관화된 악이라는 말도 사용했고 습관의 폭력이라는 표현도 등장합니다.

하지만, 이것은 습관을 탓하면서 자신을 면책하려는 뜻이 아니라, 습관마저도 결국은 자신의 몫이라는 사실을 고백한 것이라 하겠습니다. 악한 습관이라는 것 자체가 애초에 어거스틴 자신이 만들었으나 결과적으로 자신에게 족쇄가 되어버렸다는 것이지요.

그러나 그는 거기에 절망하여 머물지 않았습니다. 그에게는 새로운 능력의 원천이 있었기 때문입니다. 어거스틴은 사도바울의 말씀을 인용하여 자신을 진단하고 해법을 찾았습니다. '오호라 나는 곤고한 사람이로다. 이 사망의 몸에서 누가 나를 건져 내랴?' 그리고 그는 고백합니다. '우리 주 예수 그리스도를 통한 당신의 은혜밖에는 없습니다.'

여기에 비난받는 자의 윤리가 있습니다. 우선, 비난받는 자가 되지 말아야 합니다. 혹시라도 비난받는 자가 되었을 때, 변명이나 자기합리화로 모면하려 들 것이 아니라, 마땅히 진정한 회개와 자기갱신의 노력을 기울여야 할 것입니다. 그것도 인간의 나약한 의지에 의하여 결심만하는 것이 아니라, 주의 은혜를 구하고 긍휼을 구하는 간절함으로 다가서야 합니다. 거기에서 우리는 심판을 이기는 긍휼의 능력을 기대할 수 있을 것입니다. 긍휼은 심판을 이기느니라. (약2:13)

사랑 받지
못한 자

긍휼의 윤리는 사랑 받는 자의 윤리입니다. 사랑의 선물(Gabe)을 받은 자로서 마땅히 행할 윤리적 과제(Aufgabe)가 있기 때문입니다. 이를 위해서는 '사랑 받는 자'로서의 깨달음이 필요합니다.

그 넓이와 길이와 높이와 깊이가 어떠함을 깨달아 하나님의 모든 충만하신 것으로 너희에게 충만하게 하시기를 구하노라. (엡3:19)

'사랑받지 못한 자'인 것처럼

개인의 생일도 그렇고 기념일도 그렇고, 단체의 설립일도 그렇고 기념일도 그렇습니다. 왜 그렇게 무슨 '날'이 많은지요? 언젠가 보도에서 매월 매주 매일이 전부다 기념일로 빼곡하다고 하더군요. 토종기념일은 물론이고 수입된 기념일에 급조된 상업용 기념일까지 너무 많은 것 같습니다.

문제는 그 날들을 챙겨야 한다는 겁니다. 나이가 들수록 나의 '날'들을 챙겨주는 사람이 많아질까요? 아니면 내가 챙겨줘야 할 사람이 많아질까요? 글쎄요. 딱히 뭐가 맞는 것인지는 모르겠습니다만, 누군가 챙겨주어야 할 사람이 있다는 것이 꼭 불편하고 귀찮은 것만은 아니라는 생각을 해 봅니다.

가만히 보면, 우리주변에 연세가 드실수록 이것저것 챙겨주지 않는다고 불쾌해하거나 섭섭해 하시는 분들이 더러 계신 것 같습니다. 여러 가지 상황이 복합적으로 작용해서 정작 그 '날'을 못 챙겨드리는 경우에는 반응정도가 아주 심해지리라 예상되는군요.

정작, 자신이 그런 '날'을 '찾아먹지' 못하거나 챙겨주는 사람이 없는 경우에, 굉장히 힘들어질 것 같습니다. 기분이 나쁜 것은 두말할 것도 없고, 심지어 '내가 이런 대우를 받을 정도로 살아오지는 않았는데?'하는 자책 또는 자괴감이 들 수 있겠지요. 남들의 '날'을 빠짐없이 다 챙겨볼 수는 없겠지만, 합리적인 수준에서 내가 먼저 그들의 '날'을 챙겨주는 데 관심을 가져야 할 것 같습니다. '날'을 챙겨주는 것이 사랑받는 존재로서의 자존감과 연관될 수 있기 때문입니다.

사랑을 베푸는 것도 중요하지만 사랑받는 자로서의 존재감을 가지는 것 역시 깊은 뜻이 있는 것 같습니다. 사실, 가장 피곤하고 힘겨운 시간은 '내가 사랑받지 못하고 있구나!'하는 생각이 들 때가 아닐까요? 어느 목사님의 예배 중 참회기도문에 단골로 등장하는 표현, '사랑받지 못한 자인 것처럼' 생각하고 그렇게 사는 모습은 정말 피곤한 일인 것 같습니다.

깨닫지 못할 뿐

그런데, 우리네 일상에서 누군가를 챙겨주고 배려하고 그를 존중하는 일은 간단하지 않습니다. 표현방법도 쉽지 않지요. 자칫하면 그 '날' 하나 못 챙겨서 적지않은 오해를 살 수도 있고 시쳇말로 '삐지는' 분들도 간혹 있더군요. 사실, 이런 말을 하는 저도 누군가를 모셔야 하고 누군가를 이끌어야 하는 입장에 있는지라, 저 자신을 생각해보면 솔직히 저도 예외는 아닐 것 같다는 생각이 드는군요.

언젠가 전해들은 이야기의 한 토막입니다. 제가 잘 아는 어떤 분이 어르신의 '날'을 챙겨드리면서 최선을 다했지만, 챙겨드리는 사람의 입장에서 조금은 마음이 상하는 일이 있었답니다. 식사를 함께 하기로 했는데, 실제로는 그분을 섬기는 사람들이 모든 비용을 내기로 했고, 정작 그분의 인상을 후덕하게 해드린다는 생각에서 명분상 그 분이 식사를 내시는 것으로 했답니다. 그 이야기를 전해 들으신 그분 하시는 말씀, 도대체 윗사람이 자신의 그 '날'에 식사를 내는 일이 어느 나라 법도에 있냐고 호통을 치시더라는 겁니다.

그 이야기를 들으면서 나름대로 생각한 것이 있습니다. '사랑을 받는 자에게도 윤리가 있다!' 당연히 받아야 할 일이겠지만, 거기에 감사와 겸손의 표현이 함께하면 더욱 빛나지 않았겠습니까? 이렇게 기억해주고 챙겨줘서 고맙다고 말이지요. 그러나 그렇게 하기가 쉽지 않은 모양입니다. 아마 저도 그럴 것 같습니다. 어쨌든 그 이야기를 전해들으면서 성경이 권하는 덕목, '선생이 되어 제자들의 발을 씻기는 섬김'이라는 것이 아시아 문화권에서는 쉽지 않은 말이구나 하는 생각이 들었습니다.

그리고 이런 생각도 해 보았습니다. 사랑을 받는다는 것을 깨닫는 자에게 사랑의 참된 의미가 드러날 것이요, 그것은 오직 깨닫는 자만이 누리는 몫이라는 사실 말입니다. 혹시 이미 큰 사랑을 받았음에도 여전히 사랑받지 못한 자인 것처럼 살고 있지는 않은지요? 우리가 깨닫지 못했을 뿐, 하나님의 사랑은 변하지 않고 여전하지 않겠습니까?

사랑을 받는 자의 윤리

사랑을 받는 자에게도 윤리가 있다고 봅니다. 저부터 실천해야 할 대목이 있을 것 같습니다. 왜 다른 사람들이 나를 챙겨주지 않느냐고 불평할 것도 아니요, 챙겨주되 어느 나라 법도에 따를 것인가 하는 것보다 더 중요한 것이 있습니다. 감사하는 마음입니다. 당연히 받아야 할 사랑이라고 생각하면 감사할 것이 전혀 없지요. 챙겨주지 않는 그들이 오히려 괘씸해지겠지요. 마땅히 찾아 먹어야 할 권리라고 생각하는 곳에는 '감사'가 끼어들 여지가 전혀 없기 때문입니다.

조금 더 깊이 생각해 보면, 감사하는 마음은 사랑에 대한 응답이요, 은혜에 대한 응답이라고 할 수 있습니다. 그리고 이것은 윤리적으로 중요한 의미를 가집니다. 우리말에 '은혜에 보답한다'는 말처럼, 하나님의 은혜와 감사의 응답 사이에 일종의 관계가 세워집니다. 하나님이 우리에게 선물(Gabe)로 주신 사랑에 대해 감사한 마음으로 응답하며 살아야 할 과제(Aufgabe)가 있지 않겠습니까? 이미 사랑을 받았기에 그 사랑에 반응하며 사랑하는 존재로 살아야 하지 않겠습니까?

이를 위해서는, 가장 먼저 사랑과 은혜에 대한 깊은 깨달음이 필요합니다. 어거스틴이 진리를 향한 방황을 마친 후 고백하기를, '나의 사랑이신 주님, 내가 너무 늦게야 깨달았나이다' 했던 대목이 생각납니다. 하나님의 사랑이 없었던 것이 아니라, 그가 뒤늦게 깨달았을 뿐이지요. 늦게라도 깨달은 것이 어딥니까? 중요한 것은 제대로 깨닫는 겁니다. '사랑 받는 자'라는 사실을 올바로 깨닫는 것이야말로 진정한 행복의 첫걸음입니다.

우리가 깨달아야 할 것은 누군가 나의 '날'들을 챙겨주는 사람이 있느냐 없느냐 하는 것을 넘어서는 부분, 곧 내가 하나님의 엄청난 사랑을 받고 사는 존재라는 사실입니다. 그리고 사랑에 대한 깨달음을 하나님께 대한 응답으로 전환시켜야 합니다. '만일 사물들이 우리를 즐겁게 하거든 그 이유로 하나님을 찬양해야 하고 우리의 사랑을 그것들에게 돌릴 것이 아니라 그것들을 만드신 창조주께 돌려야 한다'고 했던 어거스틴의 고백을 생각해 보시면 좋겠습니다.(고백 IV.12)

어거스틴이 성경을 인용하여 말해 준 것처럼, 하나님은 긍휼히 여길 자를 긍휼히 여기고 불쌍히 여길 자를 불쌍히 여기십니다.(고백 X.2) 이 위대한 사랑을 깨달아야 합니다. 사랑받지 못한 자인 것처럼 살 것도 아니요, 왜 나를 챙겨주지 않느냐고 투정을 부릴 것도 아닙니다.

하나님의 사랑을 받았기에 하나님께 응답하는(respond) 윤리가 필요합니다. 니버(H. R. Niebuhr)가 말한 것처럼, 응답하는 자의 해야 할 몫을 가리켜 책임(responsibility)의 윤리라고 할 수 있을 것 같습니다. 사랑 받는 자의 윤리란 바로 이런 것입니다. 긍휼은 심판을 이기느니라.(약2:13)

버림으로써 얻는 긍휼의 윤리

긍휼의 윤리는 긍휼을 얻기 위한 윤리입니다. 주의 긍휼은 버림으로써 얻을 수 있습니다. 자기 의 (self-righteousness)를 버려야 합니다. 도덕적 우월감에서 나오는 율법적 심판과 정죄를 버려야 긍휼의 은혜를 얻을 수 있기 때문입니다.

그러므로 우리가 긍휼하심을 받고 때를 따라 돕는 은혜를 얻기 위하여
은혜의 보좌 앞에 담대히 나아갈 것이니라. (히4:16)

버린다는 말

'버리다'는 말이 있죠? 사전을 검색해보면, 가지거나 지니고 있을 필요가 없는 물건을 내던지거나 쏟거나 하다의 뜻이 처음에 나옵니다. 이어서 못된 성격이나 버릇 따위를 떼어 없애다, 가정이나 고향 또는 조국 따위를 떠나 스스로 관계를 끊다, 종사하던 일정한 직업을 스스로 그만두고 다시는 손을 대지 아니하다, 직접 깊은 관계가 있는 사람과의 사이를 끊고 돌보지 아니하다, 품었던 생각을 스스로 잊다, 본바탕을 상하거나 더럽혀서 쓰지 못하게 망치다 등의 뜻이 나옵니다.

그런데 이 말이 보조 동사가 되면, 용도가 무궁무진해집니다. 사전 상으로는 앞말이 나타내는 행동이 이미 끝났음을 나타내는

말로서, 그 행동이 이루어진 결과, 말하는 이가 아쉬운 감정을 갖게 되었거나 또는 반대로 부담을 덜게 되었음을 나타낼 때 쓴다고 되어 있더군요.(네이버 국어사전 참조) 잊어버리다, 줘 버리다, 죽여 버리다 등 다양한 표현을 볼 수 있습니다. 심지어 '야. 그까짓 거 버려버려!'라는 표현도 가능하지 않겠습니까?

말뜻을 설명하는 것이 목적은 아닙니다. 이 말에 담긴 윤리적 뉘앙스를 찾아 윤리풀이를 시도하는 것이지요. 제가 보기에, 보조동사 '버리다'는 소극적 이미지를 가집니다. 이를테면, '그냥 확 저질러버려!'라고 하는 경우에, 심사숙고를 포기하는 것 같은 인상을 줍니다. 윤리적 결단보다는 결과에 대한 부담감을 털어낸다는 뜻도 있을 것 같습니다. 일종의 위탁이자 포기인 동시에 어려운 문제들로부터 해방되는 느낌을 표현한 것이겠지요.

이렇게 본다면, 보조동사로 사용되는 '버리다'는 도덕적 심사숙고로부터의 도피 또는 책임회피에 가깝다고 하겠습니다. 어찌 보면, 무책임해 보이는 대목입니다. 더 이상 고민하지 않겠다는 표현이니까요. 게다가 '이제는 내 손을 떠났다'는 의미가 되면 결과에 대한 책임에서 벗어나려는 인상을 강하게 줍니다. 특히 뭔가 일을 '저

질러 버리다'의 뜻이 되면 이건 윤리적인 행위라고 볼 수 없지요.

버릴 줄 아는 지혜

진정으로 버릴 줄 아는 지혜가 필요한 대목은 따로 있습니다. 정작 버려야 할 것을 버리지 못하는 경우, 어리석음에 빠질 수 있습니다. 나쁜 생각, 못된 습관을 버리지 못한다면 윤리적 성숙을 기대할 수 없겠지요. 실수에 대한 분명한 참회가 없다면 그것도 문제입니다. 양심과 진실을 버린 것이요, 도덕적 갱신의 기회를 버린 셈이지요. 윤리적 책임을 버리는 것은 더 심각합니다. 무책임한 행위와 무책임한 인격은 개인과 공동체 모두를 해치는 것이기 때문입니다.

마땅히 버려야 할 것을 버리지 않는 자는 얻을 수 없습니다. 옛것을 버리지 않는 자는 새 것을 얻을 수 없고, 거짓을 버리지 않는 자는 진실과 진리를 얻을 수 없습니다. 무책임, 나쁜 습관 그리고 참회하지 않는 위선과 같은 부정적 요소들을 버림으로써 책임적인 삶의 가치와 바람직한 습관 그리고 진실한 도덕성을 얻을 수 있을 겁니다.

물론, 버리는 일이 쉽지는 않습니다. 어거스틴의 〈고백록〉을 보면, 옛 습관을 버리는 것이 얼마나 어려운지 보여주는 대목이 나옵니다. 그는 아주 일상적인 욕구인 식욕에 대해 이렇게 말합니다. '우리는 당신이 종말에 음식과 배를 폐하실 때까지 매일 먹고 마심으로써 우리 육체의 소모를 보충해 나갑니다. 하지만 나는 먹어야 사는 필연성에서 쾌락을 맛보고 있으며 그 쾌락의 노예가 되지 않도록 계속 싸우고 있습니다. 나는 아직도 이 문제를 해결하지 못하고 있기 때문에 나의 괴로움을 당신께 아뢰옵니다. 자기에게 필요한 한계선을 넘어가지 않는 자가 있다면 그는 위대한 사람입니다.'(고백 X.31)

이러한 탐욕과 습관의 문제보다 더 어려운 것은 한시적인 것들에 대한 집착입니다. 그것은 마땅히 사랑해야 할 사랑을 '버린' 것이라 할 수 있습니다. 어거스틴은 말하기를, 선한 창조주를 '저버리고' 피조물에 따라 사는 것은 선이 아니라고 합니다.(신의 도성 XIV.5)

그는 영원한 존재에 대한 사랑을 위해 시간적인 것에 대한 집착을 버려야 한다고 했습니다. 지상의 도성에서 스쳐 지나갈 것들에 집착하면 영원한 하나님의 도성에서 얻을 영원한 행복을 얻을 수 없다는 겁니다. 사용해야 할 것에 대한 집착을 버려야 참된 사랑에 이를 수 있습니다. 바로 여기에 '버릴 줄 아는 지혜'가 있습니다.

조금은 다른 뜻이지만, 우리가 반드시 기억해야 할 것도 있습니다. 우리의 유약함과 미련함에도 불구하고 여전히 우리를 '버리지' 않으시는 하나님의 은혜와 사랑입니다. 어거스틴은 이렇게 말합니다. '하나님의 사람에게는 고유한 커다란 징표, 곧 위대한 사랑의 징표가 따로 있습니다. 하나님은 죄에 짓눌려 당신의 빛을 바라보지 못하고 어둠 곧 악을 사랑하여 눈이 먼 우리를 '버리지' 않으시고 당신의 말씀이신 그리스도를 보내셨습니다.'(신의 도성 Ⅶ.31)

말하자면, 버릴 줄 아는 지혜에 버리지 아니하시는 은혜에 대한 인식을 더해야 합니다. 우리는 여전히 죄에 익숙하고 하나님을 향한 진실한 사랑에 여러모로 서툴지만, 주는 여전히 우리를 버리지 않으시기 때문입니다. 이러한 '버림'에 대한 총체적인 지혜가 오늘의 나와 우리의 교회 그리고 기독교윤리를 이해하는 가장 중요한 기초가 될 것입니다.

버림으로 얻는 윤리

　　죄인 된 우리를 버리지 않으신 주의 은혜는 스스로 버리심에 의해 구현되었습니다. 만민을 위하여 자기 몸을 내어주신 주의 사랑이 오늘의 우리를 주의 사람 되게 했다는 사실, 그것을 인정하는 것이 중요합니다. 거기에서 진정한 기독교윤리의 출발이 가능할 것입니다.

　　이러한 뜻에서, 긍휼이란 일종의 버림이라고 할 수 있겠습니다. 주는 우리를 위하여 자신의 모든 것을 버리셨습니다. 우리를 불쌍히 여기셨기 때문입니다. 자신을 버리지 않고는 용서할 수 없습니다. 용서받을 수 없는 죄인을 불쌍히 여길 수 있는 것은 심판에 대한 집착을 과감히 버리신 주의 사랑 때문이라 하겠습니다.

　　유명한 프란체스코의 '평화의 기도'에 나오는 대목을 기억하십니까? '주여 나를 평화의 도구로 써 주소서'로 시작되는 기도문에, '위로받기 보다는 위로하고 사랑받기 보다는 사랑하며 이해받기 보다는 이해하며 자기를 온전히 줌으로써 영생을 얻기 때문이니 주여 나를 평화의 도구로 써 주소서' 했던 부분 말입니다. 여기에서 버릴 줄 아는 지혜와 버림으로써 얻는 윤리를 엿볼 수 있지 않겠습니까?

우리에게, '버릴 줄 아는 지혜'가 필요합니다. 주의 긍휼을 힘입어 우리가 버려야 할 것이 있습니다. 못된 행실, 악한 습관 그리고 부도덕의 모든 찌꺼기를 버려야 합니다. 그리고 알량한 도덕적 자존심에서 오는 율법주의, 정의의 심판을 앞세운 어설픈 의협심 그리고 일방적인 심판의 유혹을 버려야 합니다. 특히 나 자신이 용서와 긍휼의 혜택을 보았건만 남의 작은 잘못을 심판하려는 마음을 버려야 합니다. 비난과 정죄를 통해 심판하기를 즐겨하는 집착을 버려야 합니다. 심판은 주께 맡겨야 합니다. 지금 당장이 아니더라도 종말론적 심판이 반드시 정의를 구현할 것임을 믿고 위탁해야 합니다.

버릴 것은 버릴 줄 아는 지혜 그리고 버림받아 마땅한 죄인임에도 버림받지 않았음을 아는 지혜, 거기에서 긍휼이 시작됩니다. 그리고 주의 긍휼을 힘입어 오늘의 내 삶을 변화시키려 애쓰며 은혜공동체인 교회를 교회되게 하는 윤리, 그것이 바로 은혜윤리요, 긍휼의 윤리입니다. 이것이 바로 '버림으로써 얻는 윤리'입니다. 긍휼은 심판을 이기느니라. (약2:13)

제2부 | 생활의 발견-일상에서 찾은 은혜윤리

긍휼의 윤리는 특이한 것도 아니고 새로운 것도 아닙니다. 그것은 일상에 적용될 수 있고 또한 그렇게 해야 할 윤리입니다. 긍휼의 윤리는 윤리 그 자체의 혁명이 아니라 관점의 변화를 요구하는 것이기 때문입니다. 윤리적이야 하되 어떤 관점에서 윤리적일 것인가 하는 점이 문제인 셈이지요.

은혜윤리, 혹은 긍휼의 윤리는 멀리 있는 것도 아니고 도덕적으로 탁월한 사람들만 할 수 있는 일도 아닙니다. 우리의 정체성, 즉 긍휼을 입은 존재로서의 자신을 인식하는 모든 분의 몫입니다. 우리가 받은 긍휼은 우리의 실천을 통해 더욱 빛날 테니까요. 특히 일상의 언어들을 보면 나름대로 어원이 있고 유래가 있습니다. 우리의 일상 언어 혹은 생활언어들에 대한 윤리풀이도 가능하지 않을까 생각해 보았습니다.

그래서 제2부는 생활의 발견, 특히 우리의 언어생활에 녹아있는 윤리의식의 문제에 대한 제 나름의 풀이라고 할 수 있겠습니다. 윤법적 관점에서 은혜의 관점으로, 비난과 정죄의 관점에서 긍휼의 관점으로 전환될 실마리가 숨어있을 것 같아서 말이지요. 그래서 제2부 역시 여러분을 향한 또 하나의 제안입니다.

긍휼의 윤리는 가장 먼저 나 자신에 관한 성찰을 요구합니다. 특히 내가 완벽한 존재라기보다 '실수 할 수 있음'을 인정하자는 겁니다. 나 자신으로부터 긍휼의 윤리를 실천해야 한다는 뜻이지요.

우리가 다 실수가 많으니 만일 말에 실수가 없는 자면 곧 온전한 사람이라 능히 온 몸도 굴레 씌우리라. (약3:2)

실수 할 수 있음

얼마 전 일입니다. 열차로 통근하는 저는 명절 때 증편된 열차가 있다는 사실을 까맣게 잊고 있었습니다. 6시 12분에 출발하는 열차가 들어와야 하는데, 전광판에 6시 10분 열차가 도착한다는 알림이 떠 있었습니다. 연발착 자주하는 열차가 웬일로 빨리 들어오는 모양이구나 싶어서 대뜸 올라타고 좌석번호를 따라 찾아갔지요. 아이들과 아주머니가 자리를 차지하고 있었습니다. '혹시 좌석 맞으세요?' 당당하게 물었습니다. 그분들이 으레 미안하다는 표정을 지으며 자리를 내 주는 줄로만 알았습니다.

아, 그런데 이게 웬일입니까? '우리 자리 맞는데요?' 도대체 무슨 소리를 하는가 싶어서 당장 열차표를 꺼내보자고 했습니다.

그분들 좌석이 맞더군요. 제 티켓에도 그 번호가 맞구요. 난감했습니다. 중복발매된 것이라고 생각했습니다. 마침 안내원이 지나가기에 물었습니다. 안내원 하는 말, '손님이 열차를 잘못 타셨네요. 이 차는 임시 증편된 열차입니다.' 순간 당황스럽기도 하고 부끄럽기도 하고 어쩔 줄 몰라서 '미안합니다' 한마디 남기고 얼른 다른 칸으로 도망(?)쳤습니다.

제가 실수한 것이 분명했습니다. 제가 열차좌석을 잘못 찾았으리라고는 상상도 할 수 없었고, 더구나 기차를 잘못 탔으리라는 생각은 아예 할 수도 없었던 터라 기분이 아주 묘해졌습니다. 한동안 멍하게 있다가 그럭저럭 입석으로 오는 길에 이런 생각을 해보았습니다. 아주 사소한 일이지만, 내 실수를 인정한다는 것 자체가 쉽지는 않구나 하는 생각 말입니다.

무엇보다도, 내 자신에게 용납되지 않는 구석이 있던 것 같습니다. 열차시간과 티켓 하나 제대로 체크하지 못한 제 자신을 인정하기 어려웠던 것이지요. 게다가 내 스스로 실수를 인정하는 데에는 그만큼의 불이익이 뒤따른다는 사실이 부담스러웠겠지요. 좌석요금 다 내고 입석으로 가야 하는 것 뿐 아니라 그 자리에 있던 분들에게 민망했던 부분까지 생각한다면, 실수를 인정하는 것 자체는 그다지 유쾌한 경험이 아닐 듯싶더군요. 하지만 실수를 실수로 인정하지 않으려는 것은 더 나쁜 결과를 나을 것이 분명합니다. 변명을 낳고 거짓을 늘어놓게 되거나 진실을 왜곡하고 누군가에게 손해를 전가하게 될 겁니다.

실수했다는 사실을 인정하는 것이 중요합니다. 특히 나 자신도 실수 할 수 있다는 사실을 인정하는 것은 더욱 중요합니다. 나이와 상관없이, 지위에 무관하게 그리고 소유여부를 가리지 않고, 누구나 실수 할 수 있음을 스스로 인정해야 합니다. 거기에서 실수에 대한 사과와 손해의 감수 그리고 재발방지와 예방 등의 도덕적 개선과 성숙을 기대할 수 있을 겁니다.

You are the man!

성서영화 중에 다윗을 그린 작품이 몇 있지요. 그중 하나로 기억됩니다. 선지자 나단이 다윗을 책망하는 장면에 나오는 대사입니다. 나단의 이야기를 들은 다윗이 묻습니다. '그 몹쓸 짓을 한 사람이 누구요?' 나단이 답합니다. '당신입니다!'(You are the man!)

다윗은 이 말을 듣고 여호와께 회개하지요.

다른 사람 아닌 당신, 곧 내가 문제의 '그 사람'일 수 있습니다. 이것을 인정해야 합니다. 나부터 실수를 인정해야 합니다. 실수할 수 있음도 인정해야 합니다. 실수는 어리숙한 사람 혹은 덜렁거리거나 모자란 행동을 하는 사람의 전유물이 아니라는 사실에 익숙해져야 할 것 같습니다.

특히 나 자신부터 실수를 인정하는 용기와 지혜의 사람이 되어야 합니다. 다른 사람 탓하기 전에, 남들 비난하기 전에 우선 나 자신에 대한 준엄한 성찰이 필요합니다. 다른 사람 아닌, 바로 나 자신이 실수하는 자요, 허물이 많은 자요, 비난받아 마땅한 구석이 있는 사람이라는 사실을 인식해야 합니다.

근대철학의 아버지, 데카르트(R. Descartes)가 이런 말을 했던 것으로 기억합니다. '세상을 바꾸려 하지 말고 나를 바꾸어라.' 아시아적 가치관에서 항상 강조되는 '수신제가치국평천하'(修身齊家治國平天下)의 교훈 역시 크게 다르지 않을 것 같습니다. 누군가를 비난하기 전에 나부터 살펴보아야 합니다.

예수께서 말씀하신 것처럼, 내 눈에 있는 들보를 먼저 뽑아낸 다음에 남의 눈에 있는 티끌을 말하는 것이 순서이지요. 오죽하면 사도바울은 '내가 죄인의 괴수'라고 하지 않았습니까? 남을 탓하기 전에, 남의 실수를 말하기 전에, 나부터 준엄한 진실의 심판에 검증되어야 하지 않을까요?

물론, '나부터'를 말하는 것이 사회윤리를 약화시키거나 구조적이고 시스템적인 요소들에 무관심하거나 놓치기 쉽다는 지적이 있습니다. 백번 맞는 말씀, 지당하십니다. 저는 지금 사회문제에 관심을 끄라는 소리를 하는 것이 아닙니다. 신앙인의 윤리와 그 기초에 관한 이야기를 하고 있는 것이지요. 나의 실수에 대한 인정, 나도 실수할 수 있음에 대한 인정에서부터 배려를 말해야 하고, 사회윤리를 추구해야 한다는 뜻이지 사회윤리를 포기하라는 말이 결코 아닙니다.

실수할 수 있음의 발견

누구나 도덕적 실수를 범할 수 있다는 것! 이것을 인정하는 것이 첫걸음입니다. 실수하는 사람이 따로 정해져 있는 것은 아니지

요. 사실, 우리에게 의협심, 정의감 같은 도덕의식(moral sense)
이 있다는 것 자체로 매우 의미있는 일입니다. 도덕에 대한 아무
의식도 없이 사는 사람 또는 도덕 그 자체를 폐기하려하거나 무관
하게 살려는 사람보다는 훨씬 성숙할 수 있는 가능성을 가지고 있
는 것이니까요. 그러나 도덕감이 있다는 것만으로 다 되는 것은
아닙니다. 올바로 발산되어야 합니다.

혹시 우리는 알량한 의협심, 정의감을 너무 많이 앞세워 남을
비난하고 심판하는 데 너무 익숙하지 않은지요? 마치 계급장이라
도 단 것처럼 다른 사람의 일에 대해 검사노릇하고 있지는 않은가
요? 그러면서도 정작 자신의 실수에 대해서는 너무나 관대하지 않
은지요? 내가 비난받아야 할 대목에서는 슬그머니 남들의 배려를
기대하고 있지는 않은지요? 큰 죄를 저지른 자들에 비하면 내가
저지르는 실수 쯤 아무것도 아니라는 식으로 스스로 위로하거나
스스로 의롭다 여기고 있지는 않은지요? 혹시 내가 만든 기준으로
자기 의(self-righteousness)에 빠져있지는 않은지 검점해야 하겠
습니다. 우리의 의협심이 누군가의 실수에 대해 말하고 싶어 할
때, 거기에 나를 포함시켜야 합니다. 비판하고 비난해야 할 일이
있다면, 나부터 살펴야 합니다. 그래야 좋은 비판, 즉 비난으로 치

닫지 않는 건강한 비판이 가능합니다.

　그리고 비판이 비난으로 기울지 않도록 유의해야 합니다. 옳고 그름은 말할 수 있으나 그것이 누군가를 심판하고 정죄하는 지경에 이른다면, 제가 보기에 이건 뭔가 잘못된 겁니다. 주께서 '나도 너를 정죄하지 아니하노니 가서 다시는 죄를 짓지 말라.'(요 8:11)고 하시는데, 감히 누가 누구를 정죄할 수 있다는 말입니까? 더 이상 다른 사람의 실수에 대해 검사노릇하려 들지 맙시다. 비난을 받아야 할 사람은 나 자신일지도 모릅니다.

　나 역시 실수할 수 있고 도덕적으로 완전한 경지에 이른 사람이 아니라는 사실을 인정하는 데에서 도덕의 진정한 성숙이 가능합니다. 우리의 도덕적 성숙은 '나로 나 되게 하시는' 주의 은혜로 말미암을 것이요, 나야말로 은혜를 필요로 하는 존재라는 인식이 필요합니다. 그 바탕 위에 비로소 정의와 의협심을 말할 수 있고 사회윤리를 실천할 수 있을 것이기 때문입니다.

　교회에 관한 이야기도 마찬가지일 겁니다. 교회 안에서부터 그리고 한 사람의 신앙인으로서 나 자신부터 진실의 회복, 실수의 인정이 필요합니다. 이러한 기초위에서 세상을 향하여, 교회 밖으로 영향력을 미칠 때, 비로소 교회의 메시지가 권세있는 교훈으로 먹혀들 것입니다.

'너나 잘 하세요'소리를 들어야 하는 수준을 넘어서는 탁월한 윤리가 필요합니다. 그리고 그것은 우리 자신에게서 비롯되어야 합니다. 특히, 나도 실수할 수 있는 존재라는 사실, 그럼에도 불구하고 주께서 여전히 나를 불쌍히 여기심으로 인해 사는 존재라는 사실, 나 자신이 긍휼의 존재라는 사실을 깨닫고 인정하는 것. 그것이 첫 단추임을 잊지 마십시오. 긍휼은 심판을 이기느니라.(약 2:13)

긍휼의 윤리는 율법적 권위주의를 좋아하지 않습니다. 권위는 필요하나 명령하고 압박하는 권위주의로서의 율법이어서는 안 됩니다. 지시하고 옥죄는 윤리가 아니라 주의 긍휼의 은혜를 '더불어' 누리는 윤리이어야 합니다.

> 화 있을진저 또 너희 율법사여 지기 어려운 짐을 사람에게 지우고 너희는 한 손가락도 이 짐에 대지 않는도다. (눅11:46)

기차 안, 야! 야! 야!

기차로 통근하는 저에게는 이따금 저를 포함한 승객들의 작은 실수나 일상적인 일들이 이야기꺼리들입니다. 얼마 전, 이런 일이 있었습니다. 아마 휴가를 마치고 오는 젊은 부부의 아이들이 시끄럽게 굴었던 모양입니다. 제가 타기 전부터 그랬던 것 같더군요. 자리에 앉은 지 얼마 지나지 않아 그 부부의 좌석 옆줄에 앉으신 어르신께서 더 이상은 참을 수 없다는 목소리로, '야! 야! 야!' 하시더군요. 그러면 대개 아이들의 부모가 미안한 마음에 아이들을 혼내는 시늉이라도 하거나 주의를 주지 않습니까? 문제는 그러한 반응이 전혀 없었다는 겁니다.

아이들의 젊은 엄마 아빠는 못들은 척 아무 반응도 없고 아이들 역시 아무 일 없다는 듯, 하던 일을 계속하더군요. 순간, 어르신께서 직사포를 쏘셨습니다. 떠드는 아이들을 향해 말씀하시기를, '야! 이 기차 니들이 전세 냈냐?' 아이들이 조금 조용히 하더군요. 하지만 30초도 지나지 않아 동일한 상황이 반복되곤 했습니다.

기차 안에서, 음식점에서, 쇼핑 몰에서 너무나 흔한 장면들입니다. 제 성격이 그래서인지, 다른 사람에게 피해가 될 수 있다는 생각에 우리 아이에게 조용히 하라고 부탁하는 사람의 하나로, 아이들 날뛰는 것을 개의치 않는 부모님들이 잘 이해가 되지는 않습니다. 나름대로 이유는 있겠죠. 기죽이지 않겠다는 뜻도 있겠고, 다 그러면서 크는 것이라는 낙관적 인생관이 작용하기도 하고, 젊은 부모들 스스로 애들 건사하는 것이 귀찮아서 그럴 수 있을 겁니다.

제 생각에는 남들에게 피해주지 않는 것 역시 애들 기죽이지 않는 것 못지않게 중요한 가치를 지닙니다. 하지만, 아이들 떠드는 일에 간섭이라도 할라치면 이내 부모들의 냉혹한 반응이 돌아오기 때문에 이런 일을 나무라는 경우가 점점 줄어드는 것 같아 안타깝습니다. 남이 뭐라 하기 전에 남을 생각하고 배려해 주면 안 되는 것인지 묻고 싶군요.

인기는 없어도 필요한

‘야! 야! 야!’ 왜 하필 세 번일까요? 첫 번째 ‘야!’는 말할 대상을 부르는 소리이고 두 번째 ‘야!’는 더 이상 참아주기 어렵다는 경고의 소리이고 나머지 ‘야!’는 말하는 사람의 기분을 포함하여 당장 시정하라는 뜻을 강조해주는 소리인가요? 뭐 그것 자체가 중요한 것은 아니다만, ‘야! 야! 야!’에는 복합적인 의미가 들어 있을 것 같습니다. 거기에는 뭔가 한 수 가르쳐야 되겠다는 의지도 포함되어 있겠지요.

사실, 남에게 뭐라 하는 것이 즐거운 일은 아닙니다. 말하는 사람도, 듣는 사람도 모두 유쾌한 경험은 아니지요. 게다가 요즘 같이 문화와 가치의 변화가 눈에 띄는 세대에게 자칫 시대에 뒤떨어진 사람이라는 낙인이 찍히지 쉽지요. 한마디로 인기가 전혀 없는 일입니다. 누구도 환영하지 않습니다. 달갑게 생각하는 사람도 없고 바른 일이라고 편들어주는 사람도 거의 없지요.

하기야 누군가를 가르치려 드는 것 자체가 쉬운 일은 아닙니다. 우선 나 자신부터 문제가 많은 것을 어쩌겠습니까? 권위적으로 호통을 치는 그 사람도 따지고 보면 완전하지 못한 구석이 있게 마련입니다. 숨기고 있을 뿐이지요. 그래도 질서를 위하여, 가르칠 것은 가르쳐야 한다는 도덕적 사명감(?)이 발동하면 '야!'로 표현되는 호통을 치게 되겠지요. 어쨌든 가르치시겠다고 호통 치시는 일이 권위주의적 발상에서 나온 것이 아니라면 나름대로 의미가 있다고 봅니다. 요즘 시대에 인기는 없을지 모르나 필요한 일이지요.

윤리학자의 한 사람으로, 어떤 때는 서글퍼지기도 합니다. 인기가 있는 특강 강사들은 대부분 건강, 의료, 식품, 경영 등 몇 개 분야에 편중되어 있지요. 윤리학은 소위 말하는 '잘나가는 강사'가 되기는 애초부터 포기해야 하는 분야입니다. 가정사역이나 상담 사역처럼 캠프를 운영할 수 있는 분야도 아니고 그럴싸한 영상이 나올 수 있는 분야는 더더구나 아니지요. 물론 다른 분야와 연관 지어 자기 나름의 목소리를 만들면 길이 전혀 없지는 않지만, 굳이 인기를 위해 공부한 것은 아니기에 크게 섭섭할 것은 없다고 봅니다.

한 가지 위안을 삼는 것은, 윤리가 없는 인간사회와 윤리 없는 교회, 윤리가 빠진 신앙은 바르지 못하다는 점에 모두가 동의할 것이라는 기대입니다. 그렇다고 해서 고리타분 그 자체를 유지할 생각은 없습니다. 권위적이고 율법적이며 꽉 막힌 소리만 되풀이하기보다 윤리의 본질에 대한 바람직한 이해에서 새롭게 접근할 필요가 있다고 봅니다. 일종의 리모델링이 필요한 셈이지요.

비난의 윤리와 긍휼의 윤리

윤리의 리모델링은 스타일을 바꾸거나 외형상의 표현만 바꾸는 것으로는 부족합니다. 기존의 윤리에서 보이는 스타일, 즉 명령하고 지시하는 윤리에서 함께 생각하게 하는 윤리로 바꾸는 것만 성공해도 좋겠습니다. 하지만, 그것만으로는 부족합니다. 윤리의 본질에 대한 사고의 전환이 필요합니다.

'야! 야! 야!' 하며 호통을 치던 시대의 윤리와는 다른 윤리가 필요합니다. 단지 표현방식의 차이가 아니라, 인간에 대한 이해와 도덕의 문제들에 대한 접근방식에서 차이나는 새로운 윤리가 필요합니다. 우리시대는 '야! 야! 야!'하는 호통이나 '에헴'하는 헛기침

만으로 가치가 통용되던 시대가 아니지 않습니까? 마땅히 가르칠 것은 가르쳐야 하겠지만 호통이나 헛기침 아닌 다른 방법으로 접근할 수도 있지 않겠습니까?

저는 이것을 심판의 윤리와 긍휼의 윤리 사이의 차이라고 봅니다. 특히 기독교윤리에 관한 한, 비난과 정죄의 심판이 아닌 긍휼의 윤리가 필요합니다. 어거스틴의 권면을 들어 보십시오. '종을 때리지 않는다고 해서, 자녀를 훈계하지 않는다고 해서, 이웃의 허물을 들춰내지 않는다고 해서 그들을 사랑하는 것이라고 생각하지 마십시오. 그것은 사랑이 아니라 나약함입니다. 나쁜 점을 훈계하고 교정하고 선행으로 이끌어 줌으로써 기쁨을 누리십시오. 누군가의 과오를 미워하되, 그 사람은 사랑하십시오. 과오는 우리가 지은 것이지만, 그 사람은 하나님이 지으신 존재이기 때문입니다. 누군가를 사랑할 때, 그의 과오를 용서해주고, 누군가를 존경할 때, 그의 잘못을 지적하여 고쳐주십시오.'(요한서신강해 VII.11)

이러한 생각은 윤리적 자기정체성의 차이에서 온다고 하겠습니다. 어거스틴은 이렇게 말합니다. '과거에 나는 어리석은 인간이었고 사악한 부류에 푹 빠져 있었습니다. 내가 내 과거를 부인하지 않는 그만큼 나는 하나님을 찬송합니다. 그러한 나를 용서하셨기 때문입니다. 나의 죄를 두고 하는 말에는 나도 그대에게 가혹하게 대할 처지가 아닙니다. 나 자신도 이미 나의 잘못을 알고 있기 때문입니다.'(시편강해36.19) 제가 보기에, 바로 이러한 고백이 있어야만 용서받은 죄인으로서 긍휼의 윤리를 실천할 수 있을 것 같습니다.

윤리, 그것은 인기가 없어도 필요합니다. 그렇다고 해서 남을 정죄하는 것이 윤리의 전부라고 볼 수는 없습니다. 비난을 통해 행위를 교정하고 '가르칠 것은 가르치는' 일도 중요하지만, 긍휼과 용서와 인내와 사랑을 통해 '은혜를 깨닫게 하고 은혜 안에 바로 서게 하는 일' 또한 무척이나 중요합니다. 내가 스스로 온전한 것이 아니라 긍휼히 여기신 은혜로 말미암은 존재라는 점에서 더욱 그렇습니다. 긍휼은 심판을 이기느니라.(약2:13)

긍휼의 윤리에서는 남 탓하기 좋아하는 나의 율법주의적 경향성부터 탓해야 한다고 봅니다. 건강한 비판은 그 비판 안에 나를 포함시켜야 하고, 비난과 정죄에 이르지 않아야 하는 것이기 때문입니다.
어찌하여 형제의 눈 속에 있는 티는 보고 네 눈 속에 있는 들보는 깨닫지 못하느냐? (마7:3)

누구 벨소리야?

강의시간에도 그렇고, 교회에서 설교시간에도 그렇고, 여기 저기 핸드폰 벨소리가 소음공해로 등장하는 경우들이 참 많은 것 같습니다. 정말 곤란한 것은 강의하는 교수나 설교자 자신의 벨소리가 강의의 흐름을 끊고 설교에 대한 집중을 분산시키는 경우입니다. 미리 신경을 써서 매너모드로 바꾸어 놓거나 아예 꺼 두면 좋으련만, 정작 제 자신도 깜빡하는 일이 있는 것을 어찌하겠습니까?

벨소리가 울릴 때, 대개는 '누구 벨소리야?'하면서 다른 사람의 무례함을 탓하기 쉽습니다. 게다가 벨소리가 조금 특이한 경우에는 이내 청중들의 웃음거리가 되고 말지요. 문제는 벨소리에 대한 반응들이 비난으로 이어지는 경우입니다. 최소한의 예의도 없는 사람이라고 생각하는 순간, 우리는 이미 누군가를 평가하고 비난하는 일에 착수한 셈이지요.

이러면 어떨까요? 다른 분의 벨소리를 듣는 순간 내 핸드폰을 끄거나 매너모드로 바꾸는 겁니다. 다른 분의 벨소리가 집중력을 방해하거나 짜증나게 하는 상황에서, 벨소리에 미리 신경을 쓰지 못한 남을 탓할 것이 아니라, 혹시 내 핸드폰은 어떤 상태인지 살펴보자는 것이지요. 제가 보기에는 그것이 바람직한 것 같습니다.

어디 벨소리뿐인가요? 우리 주변에 남 말하기 좋아하는 분들이 참 많습니다. 그것도 좋은 말보다 나쁜 말이 많지요. 다른 사람의 실수, 그 집안의 불행 그리고 부끄러운 이야기들은 삽시간에 퍼져 나갑니다. 게다가 그런 이야기를 하는 것이 은근히 재미도 있고 마음 한 구석에 남 잘못되는 일을 즐거워하는 심보가 나도 모르게 끼어들게 마련인 것 같습니다.

다 아시는 이야기라고요? 글쎄요. 제가 드리고자 하는 말씀은 정작 남을 비난하는 나 자신의 모습을 되돌아보자는 겁니다. 남을 탓하기 전에 내 자신을 먼저 돌아보고, 남이 하는 잘못이나 실수를 비난하기 전에 나 자신을 성찰하는 노력이 필요하다는 점을 제안하고 싶은 것이지요. 그리고 내 속에 숨겨놓은 과거의 잘못들과 현재의 실수 그리고 실수할 가능성에 대해서는 무덤덤하기 쉽지요. 바로 이것이 문제인 셈입니다.

티끌과 들보의 경계선은?

어떻게 보면, 남 말하기 좋아하는 것은 보편적인 현상 또는 자연적 경향성이라고 할 수 있을 것 같습니다. 특히 눈에 드러난 도덕적 결함이나 하자에 대해 민감하게 반응하는 것이 일반적이지요. 물론, 그렇지 않은 분들도 계시겠지요. 하지만, 제 경우에 비추어 본다면, 아마도 십중팔구 저 자신도 남을 탓하기 쉬운 듯싶군요.

성경말씀 한 구절이 생각나는군요. 예수께서 하신 말씀입니다. '어찌하여 형제의 눈 속에 있는 티는 보고 네 눈 속에 있는 들보는 깨닫지 못하느냐?'(마7:3) 우리 속담에도 비슷한 말은 얼마든지 찾을 수 있을 겁니다. 잘 아시는 것처럼, 이 말씀에는 '비판을 받지 아니하려거든 비판하지 말라'는 교훈이 담겨 있습니다.

이 구절에 대해 약간의 논란이 있는 것은 사실입니다. 비판 그 자체를 금지하는 것인가 혹은 건전한 비판은 허용하되 네거티브에 대해서는 특별히 유의하라는 것인가 등등 여러 가지 질문을 할 수 있겠습니다. 이 문제에 대해서는 성서주석가들의 견해에 그 해답이 잘 나와 있다고 생각됩니다.

한 가지 덧붙여서, '티끌과 들보의 경계선은 과연 어디일까?' 하는 생각을 해 봅니다. 단순하게 싸이즈의 차이를 말하는 것은 아니라고 봅니다. 분명히 작은 죄도 본질적으로 죄임에 틀림없습니다. '나는 그래도 다른 사람보다 정도가 덜하다'고 말할 수는 없다는 뜻이지요.

어디까지나 죄인은 죄인입니다. 작고 큰 것이 문제가 아니라, 우리들 자신이 이미 비난받고 정죄되어야 마땅한 존재라는 것, 그것을 인정하는 것이 중요합니다. 그리고 우리에게 베푸신 주의 은혜는 크고 작은 죄를 용서하시되, 그 죄의 싸이즈에 상관없이 용서하신 은혜라는 것을 인식해야 합니다.

티끌과 들보의 차이에 대해 생각해보자는 것은 비판에 대한 금지 또는 허용의 문제에 대해 토론해보자는 것이 아닙니다. 오히려 인격의 문제, 영성의 문제, 혹은 관점의 문제에 대해 좀 더 깊이 성찰해보자는 뜻입니다. 특히 나 자신을 먼저 생각해 보자는 겁니다. 그리고 비판이 비난으로 치닫지 않도록 스스로를 되돌아보자는 뜻도 담겨 있습니다.

다시는 죄를 범하지 말라

요한복음에, 간음의 현장에서 붙잡혀온 여인을 두고 성난 군중들이 그들의 전통을 따라 돌을 던지려하는 장면이 나옵니다. 이 군중들, 참 고약합니다. 왜 자기들의 전통을 따른다면서 예수님 앞에 데려왔을까요? 아마도 예수님을 떠보려는 생각이었겠지요. 그 이야기의 결말부에 예수께서 하신 말씀이 있습니다. '너희 중에 죄 없는 자가 먼저 돌로 치라' 참으로 위대한 말씀입니다. 과연 누가 먼저 두려움에 떨고 있는 그 여인을 돌로 칠 수 있었겠습니까?

사실, 저에게는 그 말씀보다 사건 결말부에 주신 말씀이 더 인상적입니다. '가서 다시는 죄를 범하지 말라!' 우리가 받은 용서의

은혜에 반응하는 진정한 길이 여기에 있다고 봅니다. 용서받음 그
자체도 참으로 소중한 은혜이지만, 다시는 죄 짓지 않으려는 노력
이 수반되어야 하지 않을까요? 그것이 용서하신 그분의 은혜에 대
한 바른 응답이 아닐까요? 회개에 합당한 열매를 맺어야 한다는
말입니다.

어거스틴의 〈신의 도성〉에서 보았던 한 구절이 생각납니다.
'용서를 구하는 회개기도를 했다는 이유로 다시 죄를 지어도 된다
는 뜻은 아니다.'(XXI, 27.4) 그리고 이렇게도 말합니다. '하나님
은 모두를 무차별적으로 용서하시려는 것이 아니라 그들 중 누구
도 정죄를 받지 않기를 바라시는 것이다.'(XXI, 24.6) 두 구절 모
두 깊이 생각해 보아야 할 대목인 것 같습니다.

우리는 과연 누구인가요? 그리스도 안에서, '남 말할 것 없는
사람' 아닌가요? 사실, 굳이 남 말할 것은 없습니다. 오직 은혜의
사람이 되어야 합니다. 문제는 우리가 늘 죄의 유혹 앞에 놓여있
다는 사실이지요. 죄 짓지 않으려하지만, 죄가 여전히 반복되는
우리의 모습이 부끄럽기 짝이 없습니다. 사냥감을 찾는 짐승처럼
우리를 노리는 죄의 힘은 우리의 상상력을 초월할 정도입니다. 우

리가 항상 주의 긍휼을 구하고 은혜로 강건케 되기를 기도해야 하는 이유가 바로 여기에 있습니다. 주께서 주시는 긍휼로 죄를 이기고 다시 일어설 수 있어야 하겠습니다. 긍휼은 심판을 이기느니라.(약2:13)

긍휼의 윤리는 사랑의 빚을 소중하게 여깁니다. 나 자신이 이미 주께서 주신 사랑에 빚진 자이기 때문입니다. 내가 긍휼을 베푸는 것은 곧 긍휼의 확대재생산을 위한 아름다운 빚을 지워주는 것이 되겠지요.

> 피차 사랑의 빚 외에는 아무에게든지 아무 빚도 지지 말라
> 남을 사랑하는 자는 율법을 다 이루었느니라. (롬13:8)

신세지며 사는 인생

어느 날, 연구실 전화벨이 마음을 노크하는 것 같았습니다. 일면식도 없는 분, 다시 말해서 한 번도 뵌 적이 없고 특별한 이해관계도 없는, 그 어떤 분이 '학부형'이라고 하시면서 졸업반에 재학하는 딸의 생활관 입사를 주선해달라고 부탁하는 것이었습니다.

아마도 제가 한두 명 정도는 별도의 추천을 할 수 있고 그런 경우에 생활관에서도 별도의 배려를 허락하는 경우들이 있다는 것을 학생을 통해 아셨던 모양입니다. 어쨌든, 도울 수만 있다면, 최선을 다해야 하겠다는 생각으로 생활관에 부탁을 했지요. 그리고 일은 잘 처리되었습니다. 남을 도울 수 있다는 것은 기분 좋은 일이지요.

한 가지, 제 마음에 잘 정리되지 않는 부분은 있었습니다. 부탁을 하시는 분이 전화를 두 번 세 번 하시면서 저를 재촉한다는 느낌이 강하게 들었던 부분입니다. 아마도 사정이 다급하거나 그분 성격이 꼼꼼하신 탓이겠거니 생각됩니다. 그러나 막상 일을 도와주는 입장에 있는 저로서는 마음이 상하는 대목이었습니다.

그러나 기분이 상했던 것도 한 순간이었을 뿐, 가만히 생각해 보니 저 자신도 많은 분들에게 부탁하고 요청하고 신세졌던 일이 있었다는 기억에 그리 크게 기분나빠할 것은 아니라는 생각이 들었습니다. 그리고 혹시 저 자신도 누군가에게 신세를 지는 상황에서 마음이 다급해서 그분의 마음을 상하게 한 일은 없었는지 되돌아 볼 수 있는 기회였습니다.

신세를 진다는 것은 우리 삶에서 불가피한 부분인 것 같습니다. '신세'(身世)라는 것은 주로 자신의 처지를 조금은 우울하게 말하는 것 같지만, '진다'라는 말이 붙으면 뜻이 사뭇 달라집니다. 사전적인 의미로 다른 사람에게 도움을 받거나 폐를 끼치는 일이라고 할 수 있습니다. 따지고 보면 금전적인 부채는 아니지만, 그것도 일종의 아닌 빚이 아닐까 하는 생각이 듭니다.

누군가에게 신세를 안 지고도 살 수 있다면 얼마나 좋겠습니까만, 저의 경험상 신세지지 않을 수는 없었던 것 같습니다. 그리고 가급적이면, 누군가에게 신세를 지는 일보다 신세진 일들을 다른 그 누구에게 갚아가는 삶을 살고 싶군요.

아름다운 빚, 사랑의 빚

사실, 누군가에게 빚을 지고 산다는 것은 힘든 일입니다. 저도 예외가 아니어서 상당액의 카드빚에 쪼들리며 고생했던 일이 생각납니다. 자존심도 상하고 압박감도 느껴지고 갚을 능력이 없는 경우에는 더욱 막막해지는 것이 빚진 자의 일반적인 마음이겠지요. 빚 없는 세상, 빚 때문에 삶이 망가진다는 소식이 줄어드는 세상을 희망해 봅니다.

신세진다는 것을 일종의 빚이라고 할 수 있다면, 그 빚은 경제적인 것을 넘어서 마음의 빚이요, 덕을 쌓아가는 빚이요, 사랑의 빚이라고 할 수 있겠습니다. 신약성서의 유명한 구절 하나가 생각납니다. '피차 사랑의 빚 외에는 아무에게든지 아무 빚도 지지 말라, 남을 사랑하는 자는 율법을 다 이루었느니라.'(롬13:8)

빚이라는 말 자체가 주는 부정적인 뉘앙스가 있기는 하지만, 그 앞에 아름다운 수식어가 붙은 '사랑의 빚'이라는 말은 의미가 크게 다르지요. 만약 우리가 서로에게 신세를 진다면, 그것은 사랑의 빚이 되어야지, 어떤 형태로든 대가를 바라거나 보상심리가 작용하면 의미가 퇴색하겠다는 생각이 드는군요.

누군가에게 베풀고 나누는 일에는 대가를 생각하지 않는 것이 마땅하겠지만, 어디 꼭 그렇습니까? 나는 베풀었지만, 상대방이 고마워할 줄도 모르고 감사의 마음을 표현하지도 않으면 정작 내 마음에 상처가 남게 되지요. 혹시 제 경우에 한정된 것인가요? 그랬으면 좋겠습니다. 어쨌든 제 경우에는 신세를 진다는 것에 관해 여러 가지 생각이 교차하는 것이 솔직한 심정입니다.

제가 한 가지 더 생각해 본 것이 있습니다. 실생활에 도움이 되는 부분에서만 신세를 지는 것이 아니고 윤리적으로, 도덕적으로도 신세지거나 신세지게 하는 경우도 가능할 것 같습니다. 예를 들어 좋은 스승을 만났을 때, 그에게 삶의 모범을 보았을 때, 그에게 도덕적으로 감동을 받았고 가르침을 받는 신세를 졌다고 할 수 있지요.

사실, 제가 말하려는 것은 그런 것이 아닙니다. 용서와 긍휼의 가치에 관한 이야기입니다. 도덕적인 실수와 잘못으로 두려워하고 있는 자를 용서하고 품어줄 수 있다면, 그것 역시 또 다른 의미에서 신세지게 하는 일이 아닐까요? 자선을 통해 사랑을 베푸는 일은 분명히 귀한 것이지요. 그 이외에 누군가를 긍휼히 여기고 그에게 은혜를 베풀며 새로운 기회를 줄 수 있다면, 그것도 소중한 것이 아닐까 생각되네요.

그에게 긍휼의 빚을

어거스틴은 그의 유명한 저서, 〈신의 도성〉에서, 다스리는 자, 권력 있는 자, 힘 있는 자가 지녀야 할 윤리적 원칙 두 가지를 제안했습니다. 그 하나는 '아무에게도 해악을 끼치지 말라'는 것이고, 다른 하나는 '가능하면 모두를 도우라'는 것이었습니다.(신의 도성 XⅨ.14)

제가 보기에 이것은 다스림의 원칙이라고도 할 수 있고, 섬김의 윤리라고도 이름붙일 수 있겠습니다. 현실의 실용적인 부분에서만 도울 것이 아니라, 도덕적으로도 그렇게 하는 것이 좋겠습니

다. 우선, 내 행위가 다른 그 누구에게도 해악이 되지 않도록 해야
합니다. 또한 내 행위들이 다른 사람들에게 도움을 주는 것이어야
하겠습니다. 내 행위가 그의 도덕적 성숙에 도움을 주고 영적 변
화에 영향을 줄 수 있어야 할 것 같습니다.

무릇 힘이 있을 때 베풀 수 있어야 마땅합니다. 하지만 우리 주
변을 보면, 힘 있는 자들은 더 움켜 쥐려하고 평범한 분들이 오히
려 더 많이 베풀고 나누는 모습을 보게 됩니다. 힘이라는 것은 베
풀라고 주신 것이지 누리라고 주신 것은 아닌 것 같은데 참 안타까
운 일입니다.

어쨌든 누군가에게 신세를 지우는 것 그리고 내가 무엇인가를
베풀 수 있다는 것은 행복한 일이어야 합니다. 더욱이 용서의 빚
을 남기고, 긍휼의 빚을 남기는 일은 가치있는 일입니다. 무작정
덮어주자는 뜻이 아니라 그의 도덕적 변화와 성숙을 기대하며 그
에게 기회를 주자는 것이지요. 윤리와 관련된 신세를 지게하고,
이를 통해 용서와 긍휼의 가치를 확산시키자는 뜻입니다.

우리가 완벽하기 때문에 그를 용서하라는 것이 아닙니다. 나

중에 되돌려 받기 위해서 저축하는 마음으로 그렇게 하자는 것도 아닙니다. 나 자신이 용서받은 자이기 때문에 용서하자는 것이지요. 주의 긍휼을 기억하자는 겁니다. 긍휼히 여김을 입은 자들이기에 긍휼을 베풀자는 것이지요. 산상보훈에서 주께서 이렇게 말씀하시지 않았습니까? '긍휼히 여기는 자는 긍휼히 여김을 받을 것이요'(마5:7) 그리고 야고보 사도는 이렇게 선언합니다. '긍휼은 심판을 이기느니라.'(약2:13)

죽어도 안 된다

긍휼의 윤리에 속한 실천과제들 중에서 섬김이라는 것은 정말 중요합니다. 결단과 의지의 완벽성을 자랑할 것 아니라, 부족함을 인정하는 겸손과 섬김으로 전환하자는 뜻에서 긍휼의 윤리는 섬김의 윤리라고 할 수 있겠습니다.

형제들아 내가 그리스도 예수 우리 주 안에서 가진바
너희에게 대한 나의 자랑을 두고 단언하노니 나는 날마다 죽노라. (고전15:31)

죽어도 안 된다(?)

우리가 사용하는 표현 중에 강조를 위한 말들이 있습니다. 자신의 뜻을 강조하기 위해서는 말을 반복하거나 과장하기도 하지요. 중학생 시절에 배운 영문법 책자에서 이중부정은 강한 긍정이라고 했던 대목도 생각이 납니다. 그것 역시 자신의 의지를 강조하기 위한 방법이겠지요.

강조를 위한 말 중에는 인간의 능력을 넘어서는 표현들도 있는 것 같습니다. 예를 들어, '절대로', '결단코', '다시는' 같은 말은 뒤에 부정하는 말이 오게 마련이지요. '절대로 그런 일은 없다'고 할 때가 그런 경우입니다. 그런가하면, '영원히', '끝까지', '정말로' 등이 사용되는 경우에는 뒤에 긍정 또는 부정하는 말이 따라 옵니다.

‘영원히 마음을 변절하게 않겠다’, ‘정말로 너만 사랑한다’ 등등의 경우가 그렇습니다.

그중에, 아예 목숨까지 거는 경우가 있습니다. ‘죽어도 안 된다’고 하는 문장을 생각해 보세요. 아마 영문법상 ‘never’의 용법쯤 되는 말인 것 같은데, 목숨까지 거는 것을 보면, 아주 단호한 의지를 표명하는 것으로 생각되는군요. 강조하는 어법에서는 큰 효과가 있으리라 봅니다.

이외에도 보면, ‘내가 못 살아’, ‘배고파 죽겠네’, ‘정말 그 일하고 싶어서 죽고 싶어’, ‘죽을 만큼 사랑한다’고 하는 경우도 목숨을 거는 경우들이군요. 사랑을 약속하는 부분에서는 이런 표현들이 더 강하게 나타나는 것 같습니다. 하기야 구약성서 〈아가서〉에서는 사랑은 죽음보다 강하다고 하지 않았습니까?

이처럼 목숨까지 거는 경우들을 보면, 다짐이나 강조의 뜻도 있지만, 반대나 부정의 뜻이 강하게 나타나기도 합니다. ‘죽어도 안 돼’라고 할 때, ‘내 눈에 흙이 들어오기 전에는 안 돼’라고 할 때가 그런 경우들입니다. 부정과 반대의 뜻을 강력하게 표현한 셈입니다.

하면 된다(?)

역으로, '하면 된다'는 말도 있습니다. '안 되면 되게 하라'는 말도 아마 비슷한 뜻일 것 같습니다. 의지와 노력 그리고 열심과 열정 같은 요소들을 강조하는 것이겠지요. 열심히 산다는 것은 참으로 소중한 삶의 스타일입니다. 빈둥거리는 사람에게는 기회도 오지 않고 창의적이고 생산적인 삶의 열매들이 맺혀질 수 없겠지요.

하지만, 앞에 살펴본 말들과 비교해 보면 어째 앞뒤가 잘 들어맞지 않는 것 같습니다. 하면 된다는 데, 왜 죽어도 안 된다고 하는 것일까요? 안 되면 되게 하라는 데, 절대로 못한다는 것은 또 뭡니까? 물론, 이것은 서로 뜻이 다른 말들을 연결짓는 것이기에 다소 무리일 수는 있지만, 우리의 생각을 정리하는 데 도움이 될 것 같아서 이야기해보자는 의도에서 하는 말입니다.

이런 말도 있지요. '하늘이 무너져도(혹은 두 쪽 나도) 그런 일 없다', '하늘이 두 쪽 나도 이 일만은 꼭 해야 되겠다', '천지신명께

맹세하건데, 그런 일 없다' 그리고 '내 손에 장을 지진다', '만일 그
렇게 된다면 내가 네 아들이다' 하는 말들도 함께 생각해 보세요.
이런 말들 중에 어떤 것들은 능력이나 가능성에 대한 이야기로 사
용되기도 하고, 또 어떤 것들은 금지나 허용을 뜻하기도 합니다.

제가 드리는 말씀은 일상어법에서 긍정적인 표현보다 소극적
이고 부정적인 말을 줄여가는 노력이 필요하다는 생각도 들어 있
는 것이 사실입니다. 그러나 저는 지금 우리말의 쓰임새를 두고
이야기하는 것이 아니라 각각의 표현들에 담긴 뜻을 비교해보는
중이라는 것을 잊지 말아주셨으면 합니다.

저는 조금 다른 생각을 해 봅니다. 인간이 아무리 강력한 표현
을 쓰더라도 도달할 수 없는 일들이 있는 것 같습니다. 심지어 목
숨을 걸기도 하고 호적관계를 정정하겠다고 호언장담하더라도 이
를 수 없는 경지가 있습니다.

하지만 이것은 불가능이나 하늘의 뜻을 의미하는 '인력으로는
안 되는 일'들에 대한 성찰이라고 할 수는 없습니다. 도덕적 완벽
이라는 것 자체가 도달할 수 없는 경지라는 생각을 해보는 것이지

요. 사실, 바르고 곧게 살려고 해도 내 스스로 보기에 만족할 수 없는 상황이 있습니다. 내 기준이 높아서가 아닐 겁니다. 내가 나를 볼 때, 나 자신이 완벽하다고 말할 수 없는 대목이 있지요. 여러분은 어떠신지요?

아무리 힘써서 '해도 안 되는' 부분이 있습니다. 하나님처럼 완벽해질 수는 없습니다. 노력할 뿐이지요. '죽어도 안 되는 윤리'라는 말은 바로 이런 뜻입니다. 거창한 수식어를 붙여서 다짐하건만 완벽해질 수는 없다는데 우리의 고민이 있습니다. 이것보다 더 큰 문제는 우리의 불완전성을 인정하지 않으려 한다는 점입니다. 혹시, 도덕에 있어서 겸손의 필요성은 인식하면서도 정작 남들 보이는 데에서는 그렇지 못하다면, 그것이야말로 도덕적 위선이 아닐까요?

죽어야 되는 윤리

윤리적 완벽이 불가능하다는 것을 인정한다면, 대안은 무엇인가요? 어거스틴은 이것을 겸손의 가치에서 찾습니다. 그는 〈신의 도성〉에서 로마의 덕성들이 쓸모없는 것들은 아니지만, 그 바탕에 자기자랑과 윤리적 완성에 관한 영웅심이 작용하고 있다는 점을 지적하고 있습니다. 이것을 다른 말로, 인간의 윤리적 교만이요, 자기 의(self-righteousness)라고 할 수 있겠습니다.

어거스틴에 따르면, 윤리적 자기교만의 대안은 오직 겸손, 은혜뿐입니다. 어거스틴은 말하기를, 신의 도성이란 겸손이 최대의 덕목이 되는 곳이라고 했습니다. 그 누구도 윤리적으로 완벽할 수 없다는 것을 인정하는 데에서 진정한 윤리의 시작을 찾을 수 있다는 겁니다.

가만히 보면, 우리 주변에 도덕적 율법주의, 윤리적 결벽증이 많은 것 같습니다. 정작 자신은 돌아보지 않고 남을 비난하고 정죄하는 데 능통한 사람들이 정말 많은 것 같습니다. 심지어 위계질서를 강조하는 아시아적 가치관을 바탕으로 그것이 곧 기독교의 윤리인 것처럼 착각하는 분들도 더러 계신 것 같습니다. 깊이 생각해 보아야 할 대목입니다.

'죽어도 안 되는 윤리', 그 대안은 그리스도 안에서의 겸손이라고 하겠습니다. 이것을 사도바울의 표현을 따라, '죽어야 되는 윤리'라고 바꾸어 말하고 싶군요. 바울은 그리스도 안에서 '날마다 죽노라'는 표현을 사용했습니다.(고전15:31) 아시는 것처럼, 실제로 생명을 버린다는 뜻은 아닐 겁니다.

　'죽어도 안 되는 윤리'에 빗대어 생각한다면, '죽어야 되는 윤리'는 겸손을 기초로 삼는 윤리, 섬김의 윤리라고 하겠습니다. 그리스도 안에서 '자기 의'를 버리고, 오직 주의 긍휼을 기다리며 오늘 내게 주어진 일들 속에서 섬김을 실천하자는 것이지요. 긍휼의 윤리, 은혜를 베푸는 윤리의 출발점이 여기에 있다고 생각합니다. 긍휼을 받은 자의 윤리적 완성은 정죄와 심판이 아니라, 오직 긍휼을 통해서만 가능할 것이기 때문입니다. 긍휼은 심판을 이기느니라.(약2:13)

긍휼의 윤리는 또한 진실의 윤리입니다. 거짓 없는 사랑의 가치를 소중히 여기는 윤리입니다. 그러나 아무것도 하지 않음의 진실이 아니라 실력 있는 진실, 세상을 압도할 영적 진실을 요구하는 윤리입니다.
사랑엔 거짓이 없나니 악을 미워하고 선에 속하라. (롬12:9)

위조는 스스로 속이는 일

위조(僞造)라는 말이 있습니다. 사전적 의미로는, 어떤 물건을 속일 목적으로 꾸며 진짜처럼 만든다는 뜻이지요. 날조(捏造)라는 말도 있습니다. 사실이 아닌 것을 사실인 것처럼 거짓으로 꾸미는 일을 말하지요. 이 말은 주로 북한에서 즐겨 쓰는 말인 것 같습니다.

분명한 것은 위조이든 날조이든 간에 둘 다 고의적인 것이라는 데 문제가 있습니다. 그것도 남을 속이려는 목적을 가지는 것이지요. 이제는 좀 조용해지겠거니 했던 유명인들의 학력위조가 뉴스의 단골이 된지 꽤 된 것 같습니다. 우리가 그 일들을 곱지 않은 시선으로 볼 수밖에 없는 이유는 그것이 고의적인 것이라는 점 그리고, 이기적인 이익을 추구하기 위한 거짓말이기 때문입니다.

어거스틴은 모든 거짓말이 악한 것이라고 했습니다. 모든 거짓말은 죄라고 불러야 마땅하고, 심지어 다른 사람이 해를 입는 것을 막기 위한 것일지라도 허용될 수 없다고 합니다.(Ench., 22) 선의의 거짓말(white lie)도 허용할 수 없다는 것으로 해석하기도 합니다. 거짓말 자체가 나쁜 것이기에 색깔이 희든 검든(white lie, black lie) 상관없이 악하다는 뜻인 것 같습니다.

조금 더 생각해보면, 위조나 날조는 결국 스스로 속이는 일입니다. 자신을 속이는 일이라는 점에서 위조의 가장 큰 피해자는 자신이어야 마땅합니다. 그런데, 요즘 벌어지는 일들을 보면, 눈물로 호소하는 경우보다 자신은 떳떳하다고 들이대는 경우가 더 많은 것 아닌가 싶을 정도로 뭔가 잘못 되어 가고 있습니다.

위조의 당사자가 정작 남을 탓하는 경우가 있다는 것이 문제이지요. 우리사회에서 '남 탓하는 일', 즉 'other blame'의 문제는 어제 오늘의 일이 아니지만, 학력위조를 둘러싼 태도들을 보면, 굉장히 답답해지더군요. 자기가 한 것이 아니라고 말하는 사람도

있고, 그 당시에 이미 절차를 거쳐서 자리를 잡았는데 뭐가 문제
냐는 식으로 말하는 경우도 있더군요.

소속사에서 그렇게 했든, 혹은 출판사에서 그렇게 만들었든
간에, 자신을 포장해주는 학력위조 덕택으로 지금까지 지냈건만,
왜 새삼 이제 와서 문제 삼느냐는 식으로 말한다면, 이건 양심의
문제요 윤리의 문제라 해야 하겠지요. 겸허한 자기반성도 모자랄
터에 남 탓하고 사회를 탓하는 것은 그다지 바람직해 보이지 않더
군요.

위조된 명문보다 실력있는 인재를

이 일을 계기로 우리사회가 생각해야 할 부분이 있습니다. 간
판을 중시하는 풍조에 휩쓸려 왔다는 것, 이것이 문제입니다. 해
외출신, 명문대출신이라면 무조건 대우해주었던 우리의 모습에
나 자신도 끼어있지는 않았는지 생각해 보아야 합니다.

위조된 명문의 시대를 보면서 많은 분들이 말씀하시기를 검증
시스템이 필요하다고 합니다. 맞습니다. 꼭 필요한 절차입니다.

수사기관이 나서는 것도 방법이겠지만, 그보다는 전문가 그룹의 자기성찰과 자기검증의 전문성을 신뢰하는 것이 좋으리라 봅니다. 정부차원의 위탁기관을 만들거나 교육에 관련된 협회 또는 해당대학의 한국동문회 등이 검증절차에 협력하면 좋을 것 같습니다.

한 가지 더 생각할 것이 있습니다. 학력위조가 학력 그 자체에 대한 혐오가 되어서는 곤란합니다. '그까짓 거 공부는 해서 뭐하냐?'고 말하는 사회가 되면 그것 역시 또 하나의 문제일 겁니다. 공부할 수도 있었고 노력할 수 있었음에도 불구하고 노력하지 않았다면 그 사람의 의지와 성실에 대한 반성이 필요한 것이지, 학력 그 자체를 혐오하는 것은 옳지 않습니다.

사실, 제가 하고 싶은 말은 '위조된 해외명문보다 성실한 실력파가 훨씬 낫다'는 이야기입니다. 이제는 학력에 대한 이야기가 달라져야 한다고 봅니다. 최근에 어떤 유명 편입학원 광고에서 정말 역겨운 슬로건을 하나 보았습니다. '국적은 바꿀 수 있어도 학적은 못 바꾼다!', 정말 너무도 거슬렸습니다. 어떻게 하라는 말인가요? 동의할 수 없는 부분입니다.

배움 그 자체에 대한 혐오가 아니라 성실히 노력하는 자들을 위한 사회적 긍휼이 필요합니다. 지방이건 서울이건 국내이건 해외이건 가릴 것 없이 배움을 위해 노력하는 자들을 격려하는 사회가 되어야 하지 않을까요? 돈이 남아돌아서, 시간이 남아돌아서 공부나 하는 사람은 많지 않습니다. 어려운 여건 속에서도 공부하는 사람들이 아직도 우리사회에 많이 있다는 점을 잊지 말아야 합니다.

교회라도 달라야 하는데……

정말 큰 문제는 학벌과 간판을 앞세우는 사회적 병폐에서 교회도 자유롭지 못하다는 사실입니다. 목사님을 청빙할 때도 해외파냐 어느 대학 출신이냐를 따지는 것이 우리의 현실입니다. 더구나 교회 안에서 학벌이나 유학경험에 따라 사람을 대하는 태도가 달라지는 모습이 여전히 남아 있음을 부정할 수 없습니다.

교회가 사회와 어느 한 구석이라도 다른 점이 있어야 하지 않겠습니까? 하기야 능력을 검증할 수 없기 때문에 간판이라도 좋아야 하는 것 아니냐고 항변할 수는 있지요. 그러나 그것이 외모에 대한 편견까지 이어져 버리는 데에는 할 말이 없어집니다. 학벌이 좋든지 외모가 준수하든지, 뭐 그런 것들이 사람을 뽑고 사람을 대하는 기준이 되는 것은 옳지 않아 보입니다.

적어도 교회 안에서는 학벌을 자랑하고 간판을 내세우는 일들이 덜 했으면 좋겠습니다. 아예 없다면 좋겠지만, 그럴 수 없다면, 정도라도 덜해야 하는 것 아닌가 싶군요. 교회에서까지 사람을 소개하는 데 왜 어느 대학 출신이라고 소개해야 하는지, 누구의 자손이고 누구와 어떤 관계인지를 말해야 하는지 답답해집니다.

명문출신이라는 이유로 대접받는 사회, 명문출신이라는 이유로 우대하는 교회, 글쎄요. 꼭 그렇게 되어야 한다는 당위는 아닌 것 같습니다. 바로잡아야 할 부분입니다. 명문출신이 아니라도 사랑받고 해외유학파가 아니라도 존중되는 사회, 섬기는 리더가 존경받는 교회, 이름 없이 빛도 없이 일하는 분들이 기억되는 교회, 그런 사회와 교회에 대한 기대는 아예 불가능한 것일까요?

교회에서부터 진정한 긍휼이 구현되어야 합니다. 배움의 기회가 없어 배우지 못한 분들에 대한 편견과 차별도 사라져야 합니다.

지방대니 3류 대학이니 하는 보이지 않는 차별을 없애야 합니다. 명문이냐 아니냐를 떠나 배움 그 자체만으로 그를 격려하는 긍휼이 필요합니다. 그들에게 능력을 발휘할 수 있는 기회를 주는 긍휼이 필요합니다.

이는 분명한 사회문제요 사회병리현상에 속하는 것이지만, 바로잡는 일은 교회에서부터 시작되어야 합니다. 긍휼에 의한 은혜 공동체야말로 편견과 차별이라는 심판을 이기는 강력한 영향력을 발휘할 수 있을 것이기 때문입니다. 긍휼은 심판을 이기느니라. (약2:13)

긍휼의 윤리는 일상에서의 나를 발견하는 데에서 시작됩니다. '나'는 자기교만에 도취될 존재가 아닌 긍휼을 입은 존재라는 사실에서 출발합니다. 그렇기에 남에 대한 생각 역시 비난과 정죄가 아닌 배려적 접근이어야 합니다.

누가 뉘게 협의가 있거든 서로 용납하여 피차 용서하되
주께서 너희를 용서하신 것과 같이 너희도 그리하고(골3:13)

배려하지 않는 배려

전철에서 출퇴근길에 만나는 사람들은 대개 비슷한 시간에 만나게 마련이지요. 저 역시 전철로 다니는 사람이어서 아침마다 같은 차에 타고 다니는 분들을 만나기도 합니다. 다른 점이 있다면 전철에서 제법 먼 거리까지 가야 하기 때문에 그리고 택시잡기까지 힘이 들어서 아예 경차를 전철역에 세워두고 다닌다는 점입니다.

이따금 같은 전철을 타신 분 중에 방향이 비슷한 경우에 태워드리지요. 어차피 움직이는 차, 빈차로 가는 것보다 카풀하는 마음으로 태워주면 서로 좋을 것 같다는 생각에서 그렇게 하곤 합니다. 그런데 모두가 다 반기는 일은 아니더군요. 어떤 분은 부담스러워 하는 경우도 있습니다. 처음에는 그 사실을 느끼지 못했다는 것이 제 어리석음이라고 할까요? 나중에서야 알았습니다. 아! 그 분은 내 차 타는 것을 부담스러워 하는구나!

그때 깨달은 것이 하나 있습니다. 태워준다고 배려하는 것이 아니라 태워주지 않는 것이 오히려 배려일 수 있다는 사실 말입니다. 베푸는 사람 입장에서는 어떨지 모르지만 정작 권유를 받은 입장에서 부담스럽다면 차라리 베풀지 않고 권하지 않는 것이 진정한 배려가 되겠지요. 말하자면, 베푸는 것이 항상 좋은 것이라고만 생각하는 데 문제가 있는 것 같습니다. 누구의 입장에서 베풀고 누구의 입장에서 생각하느냐가 중요합니다.

역지사지(易地思之)라는 말이 떠오른 것은 바로 그 어간이었습니다. 중고등학교 한자교과서에 나왔던 말이기에 그리 낯설지도 않고 어렵지도 않을 것 같습니다. 한마디로, 입장을 바꿔서 생각해야 한다는 뜻이지요. 소극적으로 표현한다면, '내가 하기 싫은 일은 남에게도 시키지 말라'(己所不欲, 勿施於人)는 고전의 한 구절도 이와 비슷한 생각을 담고 있을 것 같습니다. 성경에서는 이것을 적극적 관점에서 표현합니다. '남에게 대접을 받고자 하는 대로 너희도 남을 대접하라.'(마7:12)는 말씀이 그것입니다. 황금률이라고 부르기도 하지요. 진정한 사랑, 진정한 배려의 정신을 보여주는 대목이라 하겠습니다. 사랑과 긍휼을 실천하기 위해 배려는 해야 하겠지만, 남의 입장도 생각하는 지혜가 필요한 것만큼은 분명한 것 같습니다.

배려와 돌봄의 윤리

최근에 배려 또는 돌봄의 문제를 윤리적 관점에서 풀이하려는 시도가 주목받기도 했습니다. 영어로 'care-ethics'라고 불리는 분야가 그것입니다. 사전적 의미로 본다면, 'care'라는 말에는 배려 또는 돌봄이라는 뜻이 모두 포함됩니다. 그러니까, 배려윤리 또는 돌봄의 윤리라고 옮길 수 있겠지요.

배려윤리 또는 돌봄의 윤리는 주로 여성주의 윤리학의 관심사라고 하겠습니다. 이를테면, 엄밀한 분석과 분별을 추구하는 경향에서 나타나는 선과 악, 옳고 그름 그리고 사회정의와 같은 구분법은 남성적 관심사이기 쉽습니다. 그러나 윤리문제에는 그것만 있지는 않습니다. 여성적 관심에서, 관계의 유지와 개선 역시 중요한 가치라는 겁니다. 여기에서 나온 것이 바로 'care', 즉 배려 또는 돌봄의 중요성에 대한 착안이라고 할까요? 대개 그런 설명법 입니다.

글쎄요, 굳이 성별구분의 필요는 없다고 봅니다. 중요한 것은 '배려' 또는 '돌봄'의 가치입니다. 배려한다는 것, 돌본다는 것은 여 성에게서 두드러진 요소이기는 하지만 거기에 묶어둘 것이 아니라 그 범위를 확대하는 것이 더욱 중요하지 않을까요? 배려가 있는 사회, 돌봄이 구현되는 사회를 이루는 것은 우리 모두의 희망사항 이기 때문입니다.

하지만 덮어놓고 배려하자는 뜻은 아닙니다. 모든 것을 눈감 아 주라는 말은 아니지요. 옳고 그름은 구별해야 하고 사회정의는 이루어야 하며 투명한 사회를 위한 걸음을 멈출 수 없습니다. 소 비자의 권리를 비롯한 시민적 권리들을 포기할 수는 없지요. 하지 만, 배려 역시 중요합니다. 그것은 자유와 권리의 윤리가 놓치기 쉬운 대목을 일깨워 주기 때문입니다. 인간은 관계적 존재라는 점 그리고 윤리적 성숙이라는 것이 꼭 적대적인 이분법적인 구도에 묶여있는 것은 아니라는 점이 그것입니다.

배려 받은 배려자의 윤리

배려의 윤리를 말하는 데에는 더 중요한 이유가 있습니다. 여성적 관심이나 배려라는 가치의 재발견 보다 더 중요한 이유입니다. 그것은 우리들 자신이 엄청난 배려를 받고 사는 존재라는 사실에 있습니다. 모든 죄를 용서하시고 구원하시는 하나님의 배려가 있기에 오늘의 우리가 있습니다. 이것이 중요합니다.

말하자면, 배려를 받은 자이기에 배려의 실천자가 되어야 합니다. 관심사가 여성적이기 때문도 아니요, 배려가 필요한 대목이 많아서도 아닙니다. 근본적으로 우리가 위대한 배려를 받아 구원의 대상이 되었다는 사실을 인식하는 것이 중요합니다. 거기에서 배려의 참 뜻을 구현할 수 있을 겁니다.

일찍이 어거스틴은 이렇게 말했습니다. '남이 하는 짓을 참아줄 수 없을 때, 당신에게도 남이 참아주었던 일이 있었다는 것을 기억하시오.'(시편강해 99.9) 배려의 가치를 말해주는 대목입니다. 왜 배려해야 하는지를 설명해주는 부분이기도 하지요. 내가 배려를 받은 자이기에 배려하는 것이 마땅합니다.

혹은 내가 알아차리지 못했더라도 누군가 나의 무례함과 거친 행동들을 참아 주었다는 것을 기억해야 합니다. 나의 미숙함과 어리석음을 기다려주고 참아준 사람들이 있음을 알아야 합니다. 근원적으로 파고 들어가면, 우리를 넉넉히 품어주시고 기다려주시는 하나님의 배려적 사랑이 있었음을 기억해야 합니다.

여러분은 배려하고 있습니까? 우리가 누군가를 배려한다면, 그것은 나의 자랑이나 자기만족이 아니어야 합니다. 나는 배려하는 데 왜 알아주지 않느냐고 푸념할 필요도 없습니다. 이미 엄청난 배려를 받은 자로서 마땅히 해야 할 몫을 하는 것이기 때문입니다.

더구나, 나의 배려를 받아들이는 입장에서 부담스러운 것이면 그것은 배려가 아니겠지요. 때로, 배려하지 않는 것이 오히려 배려일 수 있음을 기억해야 합니다. 배려란 주는 자의 자랑이 아니라 받는 자의 감사로 입증되는 것이 아닐까요? 여기 배려의 참뜻이 있습니다. 배려하되, 진정한 배려를 통해 배려받은 자의 윤리를 실천하는 신앙인이 되어야 하겠습니다. 참된 배려를 통해 참된 긍휼의 윤리가 구현될 것이기 때문입니다. 긍휼은 심판을 이기느니라. (약2:13)

긍휼의 윤리에는 긍휼의 복이 뒤따릅니다.
아니, 좀 더 정확하게 말한다면 긍휼의 복, 불쌍히
여기심의 은혜가 먼저 있었습니다. 우리는 그 은혜에
반응하는 자로서 긍휼의 실천을 요구받고 있는 셈이지요.
동시에 우리가 긍휼의 윤리를 실천할 때, 또 다른 긍휼을
얻게 됩니다. 종말론적 심판에서 긍휼의 은혜를 얻게 될
것입니다. 산상보훈에 말씀하신 '긍휼히 여기는 자는 복이
있나니 저희가 긍휼히 여김을 받을 것이요'는 보상에
대한 기대라기보다 긍휼히 여기는 자의 복을 보여주신
것이라 하겠습니다. 그가 누릴 복은 비난과 정죄와
심판의 윤리를 추구하는 자들이 생각하는 것과는 다른
차원에 속합니다. 비난함으로써 카타르시스를 얻고
정죄함으로써 자기의 도덕성을 과시하려는 율법주의와는
다릅니다.

제3부에서는 긍휼히 여기는 자의 윤리적 관심을
다루었습니다. 그러나 내용을 보면 긍휼히 여기는 자가
마땅히 추구해야 할 윤리적 이상이 무엇인지 알게 하는
글들입니다. 특히 어거스틴의 관점이 중요한 통찰을 줍니다.
어거스틴은 우리에게 긍휼을 소중히 여기는 자의 윤리적
관심이 영원을 향한 것임을 보여줍니다.

긍휼의 윤리에는 율법주의적 윤리가 따라 올 수 없는 차별성이 있습니다. 긍휼의 윤리를 수용하는 자들은
시간적 행복에 머물지 않습니다. 그들은 영원한 행복에 주목하고 그것을 따라 사는 존재이어야 합니다.
내 나라는 여기에 속한 것이 아니니라. (요18:36)

홍콩 간다?

얼마 전, 홍콩을 다녀올 기회가 있었습니다. 흔히 쓰는 말로 '홍콩 간다'고 하지 않습니까? 아마도 해외여행이 자유롭지도 못하고 그럴 여유도 없던 때에, 이것저것 볼거리가 많았다고 하는 홍콩에 가는 것이 그렇게 부럽고 좋아보였던 모양입니다. 하지만 요즘에는 이 말을 잘 쓰지 않는 것 같습니다.

도대체 얼마나 좋은 곳이기에 그런 말이 나왔을까 생각하고 있던 때, 아주 합리적인 값에 나온 여행상품이 인터넷 창에 떠 있었습니다. 차일피일 가족휴가를 미루고 있던 차에 그야말로 '저질러 버렸다'고 해야 하겠지요? 하여간 해외여행에 익숙하지 못한 탓에 우여곡절 끝에 다녀오기는 했습니다만, '홍콩 간다'는 말은 그야말로 옛말이더군요.

하기야, 명품에 정신을 쏟고 사시는 분들에게는 세일기간에 홍콩에 가는 것이 나름대로 큰 의미가 있겠지요. 돌아오는 비행기가 한 시간도 넘게 지연이 되어 늦게 떠나야 할 정도로 공항에서까지 쇼핑하다가 늦은 사람이 있었으니까요. 하지만 저같이 뭐가 명품인지 브랜드 자체도 모르는 사람에게는 '여행꺼리'가 별로 없다는 생각이 들더군요.

돌아오는 비행기 안에서 졸다 깨다를 반복하면서 느낀 생각이 하나 있어서 자판을 두들겨 봅니다. '쇼핑천국'이라는 말들을 하시더군요. 제 자리 근처에서 누군가 세일기간에는 쇼핑으로 비행기 값은 뺄 수 있겠다는 소리도 하더군요. 뭐 그다지 귀가 솔깃한 말은 아니었습니다. 아예 여행 자체를 하지 않는 것이 절약에는 훨씬 도움이 될 테니까요.

과연, 지상에 천국이 있다는 걸까요? 지상낙원이라는 말을 쓰는 동포들이 있지만, 그렇게 낙원같아 보이지는 않는 곳이 있지요. 쇼핑천국이라는 말도 그렇습니다. 이것저것 휘황찬란한 것들이 많을수록 고민이 더 생기는 것은 아닐까요? 많은 물건 들 중에서 하나를 사면 그것으로 만족하기보다 옆에 있던 다른 물건을 못 샀다는 아쉬움에 안타까워하는 분도 있더군요.

어쨌든, 제가 너무 촌스러워서 그런지 몰라도, '홍콩 간다'는 말이 반드시 좋은 것만은 아니라는 생각이 듭니다. 지상낙원, 쇼핑천국이라는 말이 사용되기는 했지만, 그것만으로는 진정한 행복을 약속해주는 천국은 아닌 것 같더군요.

명품쇼핑-재테크-웰빙의 행복도……

홍콩 이야기하고는 조금 다른 이야기로 들릴지 모르지만, '천국에 대한 소망' 그리고 '진정한 행복'에 대해 생각해 봅니다. 명품을 세일가격에 샀을 때, 주식 값이 요동칠 때, 부동산 값이 오르고 내릴 때, 상금이 큰 복권에 당첨되었을 때, 새로운 아이템이 히트를 칠 때, 요즘말로 '대박난다'고 할 겁니다. 아마도 천국을 맛보는 것 같을 겁니다.

글쎄요. 그 반대되는 경우를 만나면, 어떻게 되는지요? 주가

폭등, 부동산값 상승에 기뻐하고 맘껏 자랑하다가 이내 값이 떨어지면 울상을 짓고 세상을 원망해야 하는 것인가요? 우리가 생각하는 행복이 그렇게도 쉽게 변질되는 것이라면 그것은 진정한 행복이 아닐 것 같은데요. 하지만, 우리 주변의 많은 사람들이 그 행복을 찾으려 지금도 온갖 힘을 쏟고 있는 것 같습니다.

이런 이야기는 어떨까요? 어떤 교수님이 유학중에 두 딸을 얻으셨는데, 첫째를 키울 때는 조금만 아파도 응급실로 달려갔지만, 둘째는 낳고 보니 '으레 그렇겠거니' 하는 생각이 들더라는 겁니다. 어느 날, 둘째가 온 몸에 열이 나기 시작했지만, 첫째를 키운 경험에 비춰볼 때, 응급실에 갈 필요는 없어보이더랍니다. 그런데, 이 아이의 열이 너무 심해서 농아가 되고 말았습니다. 아빠 된 입장에서 너무나 미안하고 안타까워서 둘째에게 극진할 수밖에 없다고 합니다. 언젠가 그분이 이렇게 말하더군요. '천국이란 어떤 곳일까요? 우리 둘째가 아빠 목소리를 들을 수 있는 곳이 천국 아닐까요?' 구약성경 이사야서의 말씀을 응용한 것이지요. 가슴에 와닿는 아픔의 표현이었습니다.

사실, 명품, 재테크 그리고 웰빙을 통해서라도 행복을 누릴 수 있다면, 뭐 그리 나쁜 것은 아니지만, 그것이 전부는 아닐 겁니다. 이를테면, 웰빙의 경우만 생각해 보아도 그렇습니다. 못 먹고 못 살 때에 비교해 보면, 잘 먹고 잘살자는 '웰빙'시대에 상대적으로 행복감은 높아졌을 것 같습니다. 따지고 보면, 요즘에 웰빙이라고 말하는 것 중에는 웰빙의 참 뜻이 왜곡된 것은 아닌지, 한 부분만 가지고 전체라고 말하는 것은 아닌지 의구심이 드는 것도 있습니다.

하지만, 이런 일들이 참된 행복이라고 잘라 말할 수는 없습니다. 부분의 행복이요, 행복의 그림자 정도에 그치는 것이기 때문이지요. 더구나 하늘나라를 대신할 수는 없을 겁니다. 명품-재테크-웰빙으로 이어지는 행복추구가 하늘에 대한 소망을 희석시킨다면 참으로 안타까운 일이겠지요. 마음의 골방에 들어가 깊이 생각해 보아야 할 대목입니다.

행복을 분별하는 윤리

행복한 삶은 모두가 원하는 일입니다. 어거스틴은 바로 이 점에 착안했습니다. 전쟁의 승리를 위해 자원입대할 것인가를 물으면, 그렇다고 할 사람과 아니라고 할 사람으로 나뉘지요. 그러나 행복한 삶을 원하는지 물으면 모두가 그렇다고 답할 것이 분명합니다. 문제는 어떤 행복인가 하는 점이지요.

어거스틴은 행복을 분별해야 한다고 생각했습니다. 닥치는 대로 소유하고 즐기는 것이 행복이 아니라는 겁니다. 소유하되 무엇을 소유할 것인가? 향유하고 즐기되 무엇을 즐길 것인가? 깊이 생각해 보아야 합니다. 행복하게 할 수 있는 것과 그렇지 못한 것을 분별하는 지혜가 필요하다는 것이지요. 어거스틴의 생각을 따르면, 진정으로 행복해지려면 영원하고 불변하는 것에 관심을 가져야 합니다. 시간의 지배를 받아 스러져 가는 것들로서는 행복에 이를 수 없다는 겁니다.

우리는 지금 어떤 행복을 쫓아가고 있는지 생각해야 합니다. 웰빙이라고 다 웰빙인 것은 아닙니다. '홍콩가게 해주는 일'이라고 해서 반드시 우리를 행복하게 하는 것은 아니지요. 쇼핑천국이 우리의 전부는 아니지요. 재테크에서 오는 만족감이 행복의 전부는 아니지요. 한 마디로, 분별의 지혜가 필요합니다. 내가 목숨걸고 추구하는 것이 과연 행복인지 혹은 행복의 그림자인지 분별해야 합니다.

　명품쇼핑에서 발휘하는 분별력은 명품에 대한 분별과 가격에 대한 분별을 가능하게 할 수 있을지 모르지만, '쇼핑천국'에 젖어 참된 가치를 잊고 사는 것 자체를 분별하지 못해서야 되겠습니까?

　물건 값은 잘 따지면서, 정작 나 자신이 엄청난 용서와 긍휼로 값을 치룬 존재라는 사실을 잊어버린다면, 이것처럼 안타까운 일도 없습니다. 용서와 긍휼의 참 가치를 깨닫고 분별해야 하지 않겠습니까? 그리고 용서하며 긍휼을 베푸는 사람으로 살아야 하지 않겠습니까? 거기에 참된 행복을 향한 출발점이 있다고 봅니다. 긍휼은 심판을 이기느니라.(약2:13)

긍휼의 윤리는 영원을 지향합니다. 비난과 정죄와 심판을 즐기지 않는 것은 그들이 속한 나라가 이 세상이 아니라 영원한 나라이기 때문입니다. 긍휼의 윤리에는 영원에 대한 종말론적 소망이 전제되어 있는 셈이지요.

또 사람에게 영원을 사모하는 마음을 주셨느니라. (전3:11)

백년과 바꾼 영원

얼마 전, 홍콩의 역사를 다룬 어떤 다큐멘터리에서 홍콩의 조차기간을 왜 100년, 정확하게는 99년으로 했는지를 설명하는 멘트가 있었습니다. 그 당시의 사람들이 생각하기로는 자기 당대에는 끝나지 않을 숫자로 보았다는 이야기였습니다. 말하자면 100년의 약속이면 영원할 것처럼 보였다는 뜻이었습니다.

하지만, 우리가 보는 것처럼, 홍콩은 이미 중국에 반환되었고 그토록 영원하리라 생각되었던 영국의 위세도 예전과 같지 않습니다. 아직 세계 여러 곳에 영국령이 남아 있고 영국전통을 자랑스럽게 생각하는 문화는 있어도 '해가 지지 않는 나라'의 명성은 녹슬고 있는 듯싶군요.

우리말에도 100이라는 숫자는 영원에 가깝거나 영원한 것처럼 생각했던 흔적이 있습니다. 결혼하는 분들에게 '백년해로'를 말하고 사위를 가리켜 백년손님이라고 하지요. 그런가하면, 교육은 국가의 '백년대계'라고 하지 않습니까? 요즘 같은 장수혁명의 시대에는 백년이라는 것이 과거의 그것과는 사뭇 다른 의미로 다가오겠지요. 어쨌든, 100이라는 특정한 숫자가 중요하는 것이 아니라, 영원하고 싶은 마음을 표현했다는 것 자체가 중요하다고 하겠습니다.

100이라는 숫자 외에도 영원을 사모하는 마음을 표현하는 관용어는 꽤 많습니다. '어디 그 자리에 천년만년 있을 것 같으냐?' 하는 말도 있고, '만세'를 외치는 구호도 따지고 보면 '만세수를 하소서'라는 말과 연관이 있다는 것을 생각해보면, 백년, 천년, 만년으로 이어지는 영원에 대한 간절한 소망을 대변해주는 것이 아닐까 생각해 봅니다.

영원한 사랑, 영원한 약속, 영원한 행복, 뭐 그런 것들을 추구하는 것이 나쁘다는 뜻이 아닙니다. 우리의 사랑과 약속 그리고 행복이 영원할 수 있다면 얼마나 좋겠습니까? 문제는 영원한 것을 희망하면서도 정작 영원하지 못한 것들에 집착하는 우리의 모습이지요. 늙지 않고 젊게 살고 싶지만, 영원할 수는 없지요. 자손만대에 명예와 부를 대물림하고 싶지만, 꼭 그렇게 되리라는 보장은 없다는 데에 고민이 있는 셈이지요.

시간을 넘어 영원으로

글쎄요. 인간에게 과연 영원이라는 말이 어울릴까요? '절대로 그런 일은 안 하겠다'고 다짐하는 것도 그렇고 '영원히 행복하게 해준다'것도 영원할 수는 없습니다. 아무리 오래 살더라도 인간은 영원하지 않은 존재요, 모든 것이 가능한 존재가 아니며, 결국은 죽게 되어있는 존재(man is mortal)이기 때문입니다.

인간은 절대적인 존재도 아니요, 영원한 존재도 아님을 인정해야 합니다. 아무리 다짐하고 결단하고 노력해도 이내 우리 마음은 환경에 지배를 받기도 하고 스스로 약해지기도 하고 그 밖의 여러 이유들로 인해 변질되기 쉽습니다.

초심(初心)이라는 것, 작심삼일(作心三日)이라는 것을 강조하는 이유를 생각해보면, 이 부분은 쉽게 이해할 수 있을 것 같습니다. 처음 시작하는 마음은 단호하고 굳세게 보이고 반드시 목적을 달성할 것 같지만, 이내 변심(變心)하고 맙니다. 바로 이런 이유 때문에, 마음만 먹는다고 다 되는 것이 아니고, 최선을 다해 우리의 마음을 지키려고 노력해야 한다는 것이지요.

사람의 마음이 이 정도인데, 변화하는 대상들은 어떻겠습니까? 모든 것은 변하게 되어 있습니다. '세월 앞에 장사 없다'고 하지 않습니까? 제아무리 건강하게 살아보려고, 남들 보기에 젊게 살아 보려고 주름살 성형을 비롯해서 온갖 방법을 다 동원하더라도 인간은 늙게 되어 있고 죽음에 이르게 되어 있습니다. 누구도 부정할 수 없는 대목입니다.

비록, '앞으로 절대로 이런 짓은 안 한다'고 다짐은 하지만, 우리의 힘으로 그렇게 되는 것은 아니지요. 우리들 자체가 영원한 존재가 아니고, 우리가 추구하는 것들 역시 영원할 수 없습니다. 그런 것들로 행복을 누리려고 한다면, 그 행복은 영원한 것이라 할 수 없겠죠.

그리고 시간의 지배를 받은 영역을 넘어서는 또 다른 영역이 있다는 사실에 주목해야 합니다. 시간의 지속도 아니고 끝없는 것도 아닙니다. 시간과는 차원이 다른 영역을 생각해야 합니다. 영원이 그것입니다. 영원한 존재를 통한 행복만이 상대적이고 시간적 존재인 우리를 진정으로 행복하게 하는 것이겠지요. 시간을 넘어 영원으로 우리의 관심을 돌려야 하는 이유가 바로 여기에 있습니다.

영원을 사모하는 자의 윤리

어거스틴은 시간과 영원을 구분해야 한다고 했습니다. 그리고 인간을 진정으로 행복하게 하는 것은 시간의 영역에 있는 것들이 아니라 영원한 절대자를 만나는 것이라고 했습니다. 시간적인 영역에 집착할 것이 아니라 영원의 가치를 제대로 알아야 한다는 사실을 강조해 주는 대목입니다.

전도서 기자는 말하기를 하나님이 우리에게 '영원을 사모하는 마음'을 주셨다고 합니다.(전3:11) 이 세상에 살되 영원을 사모하는 자로 살아야 한다는 당위가 여기에 있습니다. 어거스틴은 영원을 사모하는 자의 모습을 하나님의 도성을 향한 순례자로 묘사했습니다. 쉽게 말하면 나그네라는 것입니다. 지상의 도성이 전부일 것이라는 생각을 넘어서 영원한 도성, 하늘의 도성을 바라보며 살아야 한다는 점을 보여준 셈입니다. 여기에 영원을 사모하는 자의 윤리가 있습니다.

저는 이것이 기독교윤리학자들이 새롭게 관심을 가지기 시작한, 이른바 '성품의 윤리'(ethics of character)와 연관된다고 생각합니다. 윤리의 본질은 '무엇을 행할 것인가?'하는 문제가 아니라 '어떤 존재가 될 것인가?'의 문제에 있다는 겁니다. 깊이 생각해 볼 대목입니다.

우리의 삶이 시간적인 성품에서 영원을 품은 자의 성품으로 변화되어야 한다는 말을 하고 싶은 것이지요. 시간의 지배를 받는 지상의 것에서 찾는 행복, 그것이 영원할 것이라고 착각하지 말아야 합니다. 영원한 행복을 위해 영원한 은혜를 구해야 한다는 의미입니다.

행복을 원하는 것이 나쁘다는 뜻이 아닙니다. 무엇을 행복으로 생각하고 있느냐 하는 데 유의해야 한다는 의미이지요. 일찍이 어거스틴은 행복의 완결이 영원자와의 만남에 있음을 알려주었습니다. 그가 말하는 나그네로서의 정체의식은 허무적 가치관을 말하는 것이 아니라, 영원한 절대자와 연결된 삶을 살아야 한다는 메시지입니다.

무엇보다도 영원한 절대자가 베푸신 긍휼의 은혜에 진정한 행복이 있음을 깨달아야 합니다. 그리고 이미 받은 긍휼의 은혜를 확산시키며 사는 것, 바로 그것이 영원을 사모하는 자의 윤리라고 하겠습니다. 긍휼은 심판을 이기느니라. (약2:13)

긍휼의 윤리는 사랑의 중요성을 제대로 아는 자들의 윤리입니다. 사랑의 존재로서, 인간은 하나님 사랑과 이웃 사랑의 계명을 받은 자들이기 때문입니다. 사랑의 윤리가 곧 긍휼의 윤리인 셈입니다.

너는 마음을 다하고 성품을 다하고 힘을 다하여 네 하나님 여호와를 사랑하라. (신6:5)

이벤트 세대, 사랑도 이벤트(?)

이벤트가 부쩍 많아졌습니다. 어떤 분들은 '깜짝쇼'라는 뜻으로 생각하더군요. 어디선가 읽은 내용대로 하자면, 이벤트라는 말은 본래 라딘이 에벤투스(eventus)에서 유래했고, 그 말은 일어나지 말아야 할 일, 즉 사고(事故)를 뜻한다고 합니다. 하지만 이것은 의도하지 않았던 사고라는 뜻보다는 의도적이고 계획적인 것에 해당합니다. 그렇다면, 이벤트라는 것은 '깜짝쇼'라는 뜻보다는 기획된 행사(行事)라고 해야 맞을 것 같습니다.

최근에는 지방자치단체들이 앞 다투어 지역특산물을 소개하거나 관광객을 유치하기 위해 다양한 축제들을 열기도 합니다. 축제에 등장하는 크고 작은 행사들을 이벤트라고 부르는 이유는 아마도 일상적이고 평범한 것 이상의 볼꺼리라는 뜻이겠지요. 이벤트가 성공하려면, 그것이 의도적인 기획이라는 점에서 치밀한 계획과 계산이 필요할 것 같습니다.

요즘에는 프러포즈도 이벤트가 아니면 효과가 없는 모양입니다. 간단한 마술이라도 배워서 즐겁게 해줘야 한다고 하더군요. 드라마에 나오는 것처럼 레스토랑을 통째로 빌리기도 하고 촛불을 켜서 하트모양으로 꾸며주기도 하고 그밖에 이벤트 내용이 무궁무진한 모양입니다. 비용도 만만치 않을 것 같군요. 혹시 이러다가 젊은이들 중에 이벤트 하나 못 꾸미면 고백도 못하게 되는 것은 아닐지 걱정스럽기도 하고 사회전체가 이런저런 이벤트 중독에 걸리는 것은 아닐지, 내 돈이 드는 것은 아니지만, 염려스러운 마음이 듭니다.

그 중에서 가장 걱정스러운 것은 사랑마저 이벤트로 변질되지 않을까 하는 겁니다. 만나고 헤어지는 것이 너무 빠르고도 쉽고, 양다리 한번쯤 걸쳐보지 않으면 자랑할 것이 없다고 할 정도로 사랑이 흔해빠지고 가치가 떨어지는 것은 아닌지 생각해 봅니다. 사랑을 위한 이벤트가 아니라 사랑 자체가 이벤트로 변질되는 것은 아닐까 걱정도 됩니다. 제가 너무 보수적인가요?

사실, 사랑하는 사람들 사이에 정작 필요한 것은 이벤트를 통한 즐거움보다 마음의 문제가 아닐까요? 두 사람의 뜻이 하나 되는 것이지요. 진정으로 사랑하는 사람들 사이에는 자신의 요구를 내세우기보다 사랑하는 사람을 위해 자존심까지 버려가면서 뜻을 맞춰가는 경우들이 많아진다는 점을 기억해야 할 것 같습니다.

사랑의 사고, 이벤트

이벤트, 즉 에벤투스에 관한 생각은 어거스틴에게서 그 설명의 실마리를 찾을 수 있을 것 같습니다. 어거스틴은 인간을 사랑하는 존재로 규정합니다. 문제는 무엇을 어떻게 사랑할 것인가? 하는 데 있습니다. 그에 따르면, 영원한 질서를 따라 수단으로 사용해야 할 것은 사용하고 목적으로 향유해야 할 대상은 향유하는 질서있는 사랑을 카리타스라고 합니다. 그 반대되는 경우를 쿠피디타스라고 부르지요.

문제는 이 세상의 악이 쿠피디타스에서 비롯되었다는 점입니다. 영원한 절대자에 대한 사랑을 변질시키거나 무시하고 현세적인 것들에 집착하는 것이 쿠피디타스입니다. 사랑의 질서라는 관점에서 볼 때, 쿠피디타스는 어그러진 사랑이요, 일어나지 말았어야 할 사고, 하나의 에벤투스라고 하겠습니다.

여기에서 에벤투스는 불의의 사고라는 뜻보다는 하나의 기획이라고 할 수 있겠습니다. 의지에 의한 자유로운 선택을 따라 사랑의 질서를 어긴 것이기 때문입니다. 마땅히 카리타스의 사랑으로 살아야 하건만, 인간의 교만은 그 질서를 무시하고 쿠피디타스를 저지르고 말았던 것이지요.

이러한 뜻에서, 하나의 사고 즉 에벤투스로서의 쿠피디타스는 죄로 이어졌고 그 형벌로서 악을 초래한 것이라고 하겠습니다. 인간이 진정으로 사랑해야 할 존재의 뜻을 거스르는 것이며 마땅히 사랑해야 할 그와 뜻을 하나로 합하지 않는 의도적인 거역이라 할 수 있습니다. 바로 여기에서 모든 종교적, 윤리적 문제가 비롯된 것이라 하겠습니다.

사랑하라. 그리고 원하는 대로 하라

어그러진 사랑, 사고 난 사랑을 그대로 두면 안 되겠지요. 교통사고가 나도 사고처리를 서둘러야 하는데, 사랑의 존재인 인간 그 자체에 사고가 났으니 신속히 대응하고 치유해야 하지 않겠습니까? 어떻게 해야 하나요? 바르지 못한 사랑은 바른 사랑을 통해 치유되어야 합니다. 쿠피디타스에서 카리타스로 정화되고 전환되어야 진정한 행복, 영원한 행복에 이를 수 있다는 뜻입니다.

어거스틴은 이렇게 말합니다. '사랑하라. 그리고 원하는 대로 하라'(*dilige, et quod vis fac*) 영어로 하면, 아마 'Love and do what you want'정도 될 것 같습니다. 뒷부분만 보면, 사랑의 자유를 강조하는 말처럼 들릴 수 있습니다. 어떤 번역에서는 '네 마음대로 하라'고 옮겼는데, 틀린 것은 아니지만 오해의 소지가 있어 보입니다. 사랑하기만 하면 방종해도 무방하다는 뜻으로 말입니다. 상황윤리를 제안한 플레처(J. Fletcher)는 '사랑하라 그리고 그 상황에서 네가 행하고 싶은 대로 행하라'는 뜻이라고 주장하기도 합니다. 그러나 이 말에는 정반대의 뜻이 담겨 있습니다.

이 말에서 생략된 앞부분을 되살리면 뜻이 명확해 질 것 같습니다. '사랑하라'는 말 앞에 '마음과 목숨과 뜻을 다하여', '하나님을'이라는 두 부분이 숨겨 있지 않을까요? 사랑의 방법과 사랑의 대상에 대해 생각해야 한다는 말입니다. 성경말씀에, '네 마음을 다하고 목숨을 다하고 뜻을 다하여 주 너의 하나님을 사랑하라'(마 22:37)고 하신 주의 말씀이 근거입니다.

여기 사랑의 윤리가 있습니다. 마음과 목숨과 뜻을 다해 하나님을 사랑한다면 악행에 가담해서는 안 된다는 의미입니다. 영원하신 하나님을 참으로 사랑한다면 하나님의 뜻에 나를 맞추는 것이 마땅하다는 뜻입니다. 하나님이 뜻하시는 선한 일을 행하는 사람이 되어야 한다는 것이지요. 이렇게 본다면, 진정한 사랑이 윤리의 원천이 되는 셈입니다.

어거스틴의 말을 다시 생각해 봅시다. '사랑하십시오. 그리고 원하는 대로 하십시오. 침묵하더라도 사랑으로 침묵하십시오. 소리 내어 말하더라도 사랑으로 하십시오. 고요히 홀로 있고자 해도 사랑으로 하십시오. 우리 안에 사랑이 뿌리내리게 하십시오. 오직 그 사랑의 뿌리에서만 선한 것이 나옵니다.'(요한서신강해 VII.8) 결국, 이런 뜻입니다. '사랑하십시오. 그러면 선행을 행하지 않을 수

없을 것입니다.'(요한서신강해 X.7)

사랑이 이벤트화 되는 시대, 진정한 사랑을 회복해야 하겠습니다. 하나님을 사랑하는 것이 그 대책입니다. 영원한 절대행복의 원천이시기 때문이지요. 그리고 하나님을 사랑하는 자는 하나님이 원하시는 사랑을 실천해야 합니다.

하나님이 원하시는 것은 무엇인가요? 사랑이 메말라가고 그 뜻이 변질되는 우리 삶에서 진정한 사랑을 실천하는 것 아닐까요? 비난과 정죄와 심판이 아니라 용서와 긍휼과 은혜의 사람이 되는 것, 그것이 바로 하나님을 사랑하는 자가 마땅히 해야 할 사랑입니다. 긍휼은 심판을 이기느니라.(약2:13)

긍휼의 윤리는 사랑의 질서를 강조합니다. 우리가 아직 죄인 되었을 때 가졌던 사랑의 무질서, 즉 시간적인 것에 대한 집착을 버리고 우리를 긍휼히 여기신 영원하신 하나님 사랑을 앞세워야 마땅합니다.

너희는 먼저 그의 나라와 그의 의를 구하라 그리하면 이 모든 것을 너희에게 더하시리라. (마6:33)

웃겨주지 못하는 설교자의 고민을 아시나요?

설교자의 한 사람으로서, 날이 갈수록 고민이 커집니다. 요즘에는 설교를 짧게 하든지 웃기든지 해야 한다더군요. 그것이 트렌드라고 합디다. 글쎄요, 저도 나름대로 노력이야 하고 있지만, 설교자가 개그맨은 아니잖아요? 요즘에 뜨는 몇 분의 목사님들처럼 타고난 용모와 재능이 있다면 모를까 모든 설교자에게 웃음제조기가 되라고 요구하는 것은 억지스러워 보입니다.

어떤 분 말처럼, 외환위기로 초래된 IMF 사태이후에 한국인들이 웃음을 잃었고, 그래서 웃겨주는 설교가 잘 맞아떨어져서 그것이 트렌드가 되었다는 이야기는 어느 정도 공감이 가는 부분도 있습니다. 사실, 웃음을 통해 복음에 접근하게 할 수만 있다면 그

것처럼 좋은 일도 없을 겁니다.

하지만 꼭 그런 것만은 아니라고 봅니다. 제가 보기에는 설교자보다는 상당부분 청중들의 작용이 컸습니다. 그 중에서도 새로운 스타일의 메시지에 대한 욕구가 컸다고 봅니다. 여기에 개그맨들이 연예계의 떠오르는 스타로 자리매김하는 등등의 요소들이 종합적으로 작용한 것이라고 해야 하겠지요.

제가 염려하는 것은 바로 이 대목입니다. 재미있는 설교, 웃기는 설교, 다 좋습니다. 저도 그런 설교자가 되고 싶은 것이 솔직한 심정이지요. 하지만, 정도의 문제가 분명히 있습니다. 웃기는 예화들을 만들어 내고, 개그나 속설을 패러디한 이야기들이 인터넷을 비롯한 매체를 통해 넘쳐나고 있습니다. 하지만, 재미에 치중하다보니 정작 의미가 희석되고 있다는 점이 문제입니다.

더구나 웃겨주지 못하는 설교자의 고민에 대해서 생각은 해보셨나요? 유머감각을 훈련시키려고 노력해도 안 되는 경우들이 있지 않겠습니까? 저도 그런 분들 중 한 사람으로, 이런 생각을 해봅니다. 재미있는 이야기는 개그맨들이나 연예인들에게 찾아야 하는 것 아닐까? 하는 생각 말입니다. 교회에 와서까지 재미있는 이야기나 찾고 있다면 이것 자체가 바람직해 보이지 않고, 웃겨주는 이야기가 곧 은혜로운 설교라고 할 수는 없는 것 아닌가 하는 생각도 듭니다.

재미있는 예화들은 어디까지나 수단이지 그 자체를 즐기거나 재미있는 이야기가 없는 설교를 고리타분하다고 말하는 것은 병든 신앙의 신호일지 모릅니다. 가장 좋은 것은 재미와 의미가 함께하는 것이겠지요. 재미있는 이야기가 복음을 만나게 하는 안내자가 된다면 더 좋겠지요.

수단과 목적에 대해 생각해 본다

재미와 의미의 문제를 수단과 목적의 관계로 설명할 수 있다면, 아마도 재미를 통해 의미를 찾게 해야 한다는 뜻일 겁니다. 이 말에 전적으로 동의합니다. 사실, 따지고 보면 재미있는 이야기도 한계가 있게 마련이고, 더구나 재미라는 것 자체가 여러 가지 의미로 풀이할 수 있기 때문입니다.

개그를 재미있다고 하는 분도 있지만, 그렇지 않다고 하시는 분도 뵌 적이 있습니다. 설교시간에 재미있는 패러디 예화들을 소개하는 것이 성경말씀을 이해하는 데 도움이 되는 경우도 있지만, 설교시간의 절반이 넘도록 영상만 틀어놓고 있다면, 그건 뭔가 잘못된 것 같습니다. 제 주변에서 그런 경우들을 자주 보면서 '저건 아닌데……' 하는 생각도 듭니다.

이따금 느끼는 생각이지만, 재미만으로 말씀을 안내하려고 마음먹는 것 자체가 문제입니다. 그것은 설교자의 발전에도 도움이 되지 않고 청중들에게도 유익이 되지 않습니다. 그러다가 설교유머에 식상해진다면 어떻게 하실 것인지요?

한 사람의 설교자로서, 제가 보기에 말씀에 접근하는 방식은 어느 하나로 고정되어 있지 않습니다. 은혜를 위한 수단은 다양할 수 있다는 뜻입니다. 다만 개그와 유머가 즉각적인 효과를 낳는다는 점에서 선호되는 것일 뿐이겠지요. 하지만 그것만으로 설교를 이끄는 것도 옳지 않다는 생각이 듭니다.

바로 이런 점에서, 우리가 깊이 생각해야 할 것이 있습니다.

재미는 수단일 뿐, 말씀이라는 의미와 동등하지 않습니다. 목적이 분명해야 한다는 뜻입니다. 수단에 대한 고민도 필요하다는 점을 인정하는 설교자의 한 사람으로서, 이 부분에 대한 진지한 노력을 계속하겠지만, 그에 앞서 목적 즉 복음이라는 의미 그 자체를 상실하지 않는 것이 더 중요하다는 점을 강조하고 싶습니다.

사용하는 사랑과 향유하는 사랑

사실, 수단과 목적에 대한 이야기는 매우 식상한 주제 중 하나입니다. 이 오래된 구분법을 말하는 것은 그것이 소중한 의미를 담고 있기 때문입니다. 어거스틴의 생각을 빌어 말하자면, 수단과 목적에 대한 구분은 사람됨을 말하는 중요한 기준입니다. 그는 인간을 사랑의 존재로 보았습니다. 항상 무엇인가를 사랑하는 존재라고 할 수 있습니다.

문제는 무엇을 어떻게 사랑하느냐 하는 데 있겠지요. 어거스틴에 따르면, 우리들 사랑의 대상이 되는 것을 크게 두 종류로 나눌 수 있습니다. 물론 다른 의견들도 가능하겠지만, 어거스틴의 관점에서는 창조의 질서를 따라 사랑하되 모든 것이 동등한 대상인 것은 아니라는 점을 보여준 셈이지요.

그 하나는 수단으로 사용하는 사랑의 대상들입니다. 이 세상에서 추구하는 권력, 명예, 재물 그리고 건강을 비롯한 모든 것이 사랑의 대상이지만, 그것을 절대적으로 숭배하듯 사랑해서는 안 된다는 의미가 들어 있습니다. 어디까지나 사용해야 하는 것들이라는 말이 그 뜻입니다. 이것을 라틴어로 우티(uti)라는 단어로 표현합니다. 수단으로 사용하는 사랑이라는 말입니다.

다른 하나는 목적으로 향유하는 사랑의 대상입니다. 사실, 향유(享有)라는 우리말이 쉽지는 않지요. '즐긴다' 또는 '누린다'고 하면 말의 뉘앙스가 조금은 어색해질 수 있는 측면이 있어서 그런지, 대부분 어거스틴 전문가들이 '향유한다'는 말을 선호합니다. 모든 것의 목적이 되는 존재, 존중하고 경배해야 할 대상에 대한 사랑을 말합니다. 이것을 어거스틴은 후루이(frui)라는 라틴어로 표현했습니다. 그리고 어거스틴이 생각하는 후루이의 대상은 영원불변의 절대자이신 하나님이시라는 사실은 새삼 말하지 않아도 될 것 같습니다.

말하자면, 사랑의 존재로서 인간은 모든 것을 사랑할 수 있으나 수단으로 사용하는 사랑과 목적으로 향유하는 사랑을 구별할 수 있어야 합니다. 수단과 목적을 혼동하거나 그 질서를 뒤집어 놓으면 문제가 되는 것이지요. 바로 여기에 향유할 것은 향유하고 사용할 것은 사용하는 윤리가 자리하고 있습니다.

가만히 보면, 우리시대에 문제들은 이 구분을 모르거나 무시하기 때문에 생기는 것이기 쉽습니다. 윤리적으로 문제가 되고 비난받는 일들이 생기는 이유도 이러한 관점에서 설명될 수 있을 겁니다. 더 많이 가지려고, 더 많이 누리려고 하는 본성적인 욕구가 어떤 것을 소유하고 누리려 하는 것인지를 묻는 질문과 결합되지 못하여 생겨나는 일이라고 할 수 있겠습니다.

바른 사랑을 위한 윤리가 필요하다는 뜻입니다. 어거스틴의 관점을 응용하자면, 바른 가치와 사랑을 가능하게 하는 것 역시 은혜의 능력입니다. 은혜를 통해 사랑이 질서있게 된다고 하겠습니다.

우리는 어떤가요? 수단으로 사용할 사랑의 대상과 목적으로 향유할 사랑의 대상을 잘 분별하고 있는지요? 만일 그렇지 못하다면, 우리를 긍휼히 여기시는 주의 은혜로 새로워져야 할 것입니다. 그리고 우리 주변에 사랑의 참 뜻을 모르거나 무시하는 그들을 위해서도 진정한 긍휼의 은혜가 임하기를 소망해야 할 것 같습니다. 긍휼은 심판을 이기느니라.(약2:13)

되어
진다(?)

긍휼의 윤리는 우리의 윤리적 능력이 오직 은혜를 통해 완전해 질 수 있음을 고백합니다. 사랑 역시 인간의 것으로 완전하지 못합니다. 긍휼 역시 인간의 노력으로 완성되지 않음을 인정하고 은혜를 구하는 것이 마땅합니다.

나의 나 된 것은 하나님의 은혜로 된 것이니 (고전15:10)

'되어 진다'(?)

여러분, 혹시 교회에서 설교를 듣는 중에 이런 표현을 들어보셨지요? 저 자신도 그런 실수를 하기에 충분한 설교자의 한 사람이요, 우리말 어법에 익숙하지 못한 사람이기에, 나 자신을 반성해보는 의미에서 드리는 말씀이니 오해하지 않으셨으면 합니다.

목사님들의 설교에, '우리들 모두가 이런 사람들이 **되어져야**(?) 할 것입니다'라고 하는 경우를 생각해 보세요. 아무래도 우리 어법에 어긋난 것 같습니다. 어떤 분은 이것이 우리말 표현이 아니라 일본식 표현법이라고도 설명하시더군요. 실제로 일본어 표현법에 그런 부분이 있다고 하는 말도 들은 것 같습니다.

제 주변의 국어교수님 말씀대로 한다면, 가급적이면 피동의 표현을 능동의 표현으로 바꾸어 주는 것이 좋겠습니다. 제가 보기에도 '되다'에 '진다'까지 붙어서 '되어 진다'는 말로 사용하는 경우에는 피동에 피동을 거듭 사용한 것이기에 좋은 표현은 아닌 것 같습니다. '되어 져야 하겠습니다'보다는 '되시기 바랍니다'로 바꾸어 쓰는 것이 좋을 듯싶습니다.

그런데, 막상 우리 어법을 신경써가면서 설교하기란 쉽지 않습니다. 아마도 평소부터 말하고 글 쓰는 훈련과 함께 논리적인 사고훈련을 충분히 받아야 할 것 같습니다. 지금 글을 쓰는 이 순간에 저 자신도 모르게 어법에 맞지 않는 실수를 범할 수도 있습니다.

제가 말씀 드리려는 것은 '되어 진다'는 말의 어법에 관한 것이 아닙니다. 이 말을 실마리로 삼아 윤리적인 이야기를 풀어가려는 것이지요. '되다'는 말에는 여러 뜻이 있습니다. 우선, 가능성이나 능력을 의미할 수 있겠습니다. 그리고 허용의 뜻이 있습니다. 수용이나 허락 또는 긍정의 뜻이 있지요. 그 반대말, '안 된다'는 표현에는 아마도 불가능, 금지, 거절 등등의 뜻이 담겨 있을 것 같습니다.

되는 것과 안 되는 것

언젠가 다른 대학에 근무하시는 절친한 어떤 교수님이 약간은
자조섞인 말투로, 자신의 학교에 관한 이야기를 하면서 이런 말을
했던 생각이 납니다. '우리학교에서는 되는 것도 없고 안 되는 것
도 없는 것 같아서 안타깝습니다' 원칙이 없다는 이야기인 것 같습
니다. 같은 건의사항이라도 누구는 허용하고 누구는 불허하고, 어
떤 사람에게는 기회를 주고 어떤 사람에게는 원칙을 내세워 안 된
다고 하면 기분이 좋을 리 없겠지요.

도대체, 되는 것과 안 되는 것은 누가 정하는 것일까요? 원칙
과 규정에 따라 공정하게 처리하는 경우도 있지만, 그렇지 않은
일도 얼마든지 볼 수 있습니다. 원칙 없이 처리되는 경우는 결정
권을 가진 분이 자의적이고 주관적으로 일을 결정하고 처리한 것
이라고 할 수 있겠습니다. 사람사는 사회에서 약간의 배려와 정을
베푸는 것까지야 뭐라 하겠습니까마는 그 일로 상처를 받는 사람
이 있어서는 안 되겠지요.

한 걸음 더 나아가, 이런 생각을 해 봅니다. 되는 것과 안 되는 것의 기준은 무엇인가요? 이것이 가능성이나 능력에 관한 말이라면 다소 이해할 수 있겠습니다만, 허용이나 금지의 경우에는 그에 합당한 이유와 기준이 있어야 하지요. 특히 윤리적인 의미로 사용되는 경우에는 충분한 이유가 있어야 합니다. 어떤 행위는 왜 안 되는 것인지, 다른 행위는 왜 해야 하는 것인지 등등에 관하여 충분한 근거가 있어야 할 것 같습니다.

된다, 안 된다는 것을 윤리학의 관점에서 생각해 보면, 결국, '왜 인간은 도덕적이어야 하는가?'(Why be moral?)하는 가장 기초적인 질문에 연결됩니다. 왜 인간은 악하게 행동하면 안 되는가? 왜 인간은 선한 행동을 해야 되는가? 왜 인간은 되는대로 살면 안 되는가? 왜 인간은 질서를 지켜야 하는가? 등등의 질문이 다 여기에 연관되는 것들입니다. 그 대답은 매우 다양하게 나올 수 있습니다. 하나님의 명령이라고 할 수 있고 사회를 유지하지 위한 최소한의 질서라고도 할 수 있습니다. 또는 인간다움의 조건이라고 말할 수도 있겠습니다. 이것은 상대주의를 말하는 것이 아닙니다. 도덕 그 자체에 대한 다양한 근거들이 있다는 뜻이니까요.

해야 되는 것과 안 되는 것

되는 것과 안 되는 것을 윤리의 관점에서 풀이한다면, '된다'는 말로는 바람직한 행위, 선한 행동, 가치 있는 일에 관한 의사를 표현합니다. '안 된다'는 말은 그 반대의 뜻이겠지요. 한 마디로, 윤리적인 허용과 권장, 즉 '해야 되는 것'과 윤리적인 금지, 즉 '해서는 안 되는 것'을 구분해 주는 말이라고 하겠습니다.

어거스틴에 의하면, '해야 되는 것'과 '해서는 안 되는 것'은 '가치의 질서, 사랑의 질서'에 따라 설명할 수 있습니다. 그는 인간을 사랑의 존재로 규정합니다. 항상 무엇인가를 사랑하고 추구하는 존재라는 뜻입니다. 문제는 무엇을 어떻게 사랑하는가 하는 데 있습니다. 인간이 마땅히 사랑해야 할 것을 사랑하는 것은 도덕적이요, 사랑의 질서를 왜곡하면 그것이 곧 부도덕한 것이 되겠지요.

어거스틴은 쿠피디타스(cupiditas)라는 말로 사랑의 왜곡을 표현했습니다. 마땅히 항유해야 할 가치를 대신하여 사용해야 할 가치를 항유하려고 한다면, 이는 사랑의 질서를 어긴 것이요, 바로 여기에서 죄와 악이 나온다고 합니다. 다른 말로 하면, 수단적 가치를 목적의 가치로 변질시키고 집착하는 것을 말합니다. 하나님을 섬기지 않고 재물과 권력을 섬기는 탐욕, 하나님을 대신하여 주관자가 되려는 교만이 바로 그런 것들입니다.

가장 바람직한 것은 사랑의 질서를 따르는 것이지요. 여기에 카리타스(caritas)라는 용어를 씁니다. 사용할 것은 사용하고 향유할 가치는 향유하는 것, 그것이 올바른 사랑이라고 할 수 있습니다. 하나님을 사랑하고, 하나님을 섬기기 위해 세상의 재물과 권력을 사용한다면, 그것이 바른 사랑입니다. 하나님께서 만물을 지으셨고, 만물은 하나님의 피조물이요, 사용의 가치를 담아주신 것들이기 때문입니다.

문제는 사랑의 왜곡이 인류에게 보편적으로 자리매김하고 있다는 점입니다. 어거스틴의 관점으로 본다면, 인류의 타락과 함께 사랑의 질서는 왜곡되고 죄인으로서의 인간의 본성으로 자리를 잡았습니다. 이러한 사랑의 왜곡을 바로잡는 일은 도덕적 공로나 종교적 노력으로 되지 않습니다. 오직 은혜로 정화되어야 합니다. 은혜를 통해 정화되어야 비로소 참된 사랑의 질서가 회복되고 진정한 행복을 누릴 수 있다는 뜻입니다.

이렇게 본다면, 우리가 '해야 되는 것'은 바른 사랑입니다. 하나님을 섬기고 이웃을 사랑하며 사용의 가치를 가진 것들에 집착하지 않고 하나님을 위해 사용하는 것이지요. 또한 우리가 '해서는 안 되는 것'은 하나님을 외면하고 사용할 가치들에 집착하는 어리석음입니다. 이것이 바로 나그네의 관점, 순례자의 관점입니다. 하나님의 도성에 대한 비전으로 살아가는 자의 윤리이기도 합니다.

여기에서 잊지 말아야 하는 것은 진정한 사랑은 오직 은혜를 통해서만 가능하다는 사실입니다. 내가 올바른 사랑의 질서를 따라 하나님의 사람으로 사는 것도 은혜요, 내가 용서받은 것도 은혜를 통해서만 가능하다는 이야기입니다. 우리를 긍휼히 여기신 은혜가 있기에 쿠피디타스의 왜곡된 사랑이 카리타스의 사랑으로 정화될 수 있기 때문입니다. 긍휼은 심판을 이기느니라.(약2:13)

긍휼의 윤리는 긍휼의 가치를 발견하는 자가 누리는 특권입니다. 긍휼은 숨겨져 있기에 허약한 것 같으나 가장 강력한 은혜의 원천임을 깨닫는 자가 긍휼히 여김받는 참된 행복에 이를 수 있다는 뜻입니다.

영원부터 만물을 창조하신 하나님 속에 감추었던 비밀의 경륜이
어떠한 것을 드러내게 하려 하심이라. (엡3:9)

숨어있는 것에 대한 착각

제가 가르치는 학교 옆 동네에 조금은 특이한 곳이 있습니다. 기차역, 전철역 그리고 시외버스터미널이 한 곳에 몰려 있어서 몹시 분주한 곳입니다. 게다가 오거리입니다. 많은 사람들이 생각하기를 신호등 체계를 합리적으로 실치하면 교통안전에 도움이 되겠거니 하고 말입니다. 그런데 이게 웬일입니까? 신호등을 설치한 후에 오히려 접촉사고가 더 많아졌습니다. 하는 수 없이 신호등을 모두 점멸등으로 바꾸었습니다. 차량소통이 훨씬 더 원활하고 사고도 줄었다고 합니다. 아마 서로가 조심하고 배려하는 마음이 있었기에 가능한 일이 아닐까 싶더군요.

가끔, "내가 이래 뵈도 몇 십 년 무사고운전입니다."하면서 자

랑하는 경우를 볼 수 있습니다. 하지만 잘 생각해 보세요. 내가 운전을 잘해서 그렇다고 생각하기 쉽지만, 핸들을 잡고 때로 난폭하고 무리한 운전을 할 때, 내게 배려하고 긍휼을 베푸는 사람들이 있었기에 가능하지 않았겠습니까?

눈에 드러나지 않는 배려, 숨겨진 긍휼 그리고 숨어있는 은혜가 있기에 사회가 유지되고 서로의 삶이 이어지는 것은 아닐까요? 하지만 드러나지 않는다는 까닭에, 강압적으로 밀어붙이지 않는다는 이유만으로 숨겨진 큰 능력, 숨어있는 놀라운 은혜를 가볍게 여기고 은혜 없이 사는 자인 것처럼, 내 능력과 의지와 자격으로 사는 것처럼 착각하는 데 우리의 문제가 있습니다. 겉보기에 크고 화려한 것이 능력이 있어 보인다고 생각하는 것은 옳지 않습니다. 드러나지 않고 숨겨져 있는 것 중에도 얼마든지 있기 때문입니다.

숨겨진 긍휼, 숨긴 은혜

어거스틴을 잘 아실 겁니다. 특히 어거스틴의 회심과 헌신에는 그의 어머니 모니카의 숨은 기도가 있었다는 것 알고 계실 겁니다. 모니카가 암브로시우스를 만나 아들을 권면해 달라고 간청했을 때, 암브로시우스가 이렇게 대답했지요. "기도하십시오. 눈물의 자식은 망하지 않습니다." 모니카의 기도는 어거스틴이 그 영적 방황에서 돌아올 때 까지는 정작 어거스틴에게는 숨겨져 있었습니다. 마침내 어거스틴이 하나님의 사람이 되었을 때, 어거스틴은 자신을 위한 기도가 숨어있었던 것을 알게 되었지요.

오늘의 나에게도 마찬가지입니다. 주의 긍휼과 은혜는 눈에 보이지 않으나 소멸된 것이 아니요, 숨겨져 있으나 무능한 것이 아닙니다. 주의 은혜와 긍휼은 그것을 깨닫고 고백하는 자에게 능력으로 나타날 것입니다. 문제는 우리에게 이미 주신 은혜를 생략하고 자기 자랑을 앞세우기 쉽다는 것이지요. 특히 남에 대한 평가에서 그를 비난하고 심지어 정죄하기 쉬운 것이 우리들의 모습입니다.

어거스틴 이야기를 하나 더 하지요. 여러분은 어거스틴의 〈고백록〉을 읽을 때, 어떤 느낌을 가지시는지요? 젖먹이 시절에 젖이 잘 나오지 않는다고 어머니 젖꼭지를 깨물었던 일, 사춘기에 호기심 때문에 친구들과 떼 지어 배서리를 하고도 죄책감 보다는 희열을 느꼈던 경험 등등, 충분히 공감이 가는 이야기들일 겁니다. 혹시 우리 중에, 뭐 겨우 이까짓 일을 가지고 죄라고 고백하는 거야? 이 정도는 죄라기보다는 추억꺼리라고 넘기는 편이 낫지 않을까? 하고 생각하는 분이 있다면, 깊이 생각해 보아야 합니다.

우리에게 진정으로 필요한 것은 '무엇을 행할 것인가?' 하는 doing의 문제 아니라 '어떤 성품의 사람이 될 것인가?' 하는 being의 문제입니다. 나의 나 됨을 인식하는 데에서 출발해야 합니다. 어거스틴의 〈고백록〉을 보면서 성장기 추억꺼리 쯤으로 넘길 것이 아니라, 그 책에 바로 내가 들어있고, 주의 은혜로 구원받아야 할 죄인이 바로 나라는 사실에 주목해야 합니다.

내게 주신 은혜를 기억해야 합니다. 주께서 내게 베풀어 주신 긍휼을 잊지 말아야 합니다. 주가 베푸신 긍휼과 은혜를 숨겨놓아서는 안됩니다. 나의 나 됨은 내가 아니요 오직 주의 은혜임을 고백할 때, 새로운 윤리적 지평과 비전이 새워질 것입니다. 은혜중심의 윤리, 긍휼의 윤리를 향한 첫걸음이 여기에 있습니다.

심판을 이기는 긍휼의 윤리

야고보서 2:13에 이런 말씀이 있군요. '긍휼은 심판을 이기느니라.' 일반적으로, 야고보서는 행함의 문제, 즉 윤리적 실천을 강조하는 서신으로 알려져 있지만, 야고보가 강조하는 윤리는 율법적 윤리, 혹은 율법주의가 아닙니다. 율법주의란 무엇인가요? 굳이 어려운 신학 용어들을 동원하지 않더라도 설명할 길이 있습니다. 은혜가 있느냐 없느냐의 문제입니다. 우리의 윤리의식에서 '은혜'가 빠지면 그것이 바로 율법주의가 아니겠는가? 은혜를 생략하고 상실한 윤리, 그것은 율법주의에 빠지기 쉽습니다.

제가 보기에, 스스로를 도덕의 수호자로 자처하고 남의 실수와 악행에 대해 검사 노릇을 하는 것은 이미 율법주의적 태도입니다. 비난하고 정죄하는 것이 윤리의 전부는 아닙니다. 혹시 나 자신은 다른 사람들에 비해 그나마 깨끗하고 상대적으로 정도가 덜 하니까 남을 정죄하고 심판해도 문제될 것 없다는 생각을 하고 있지 않은지요? 투명한 사회를 만들기 위해서는 오히려 사회의 잘못을 지적하는 사람이 더 많아져야 한다는 생각도 해 보셨을 겁니다. 과연 그럴까요? 윤리의 일부일 수 있지만 전부는 아니라고 봅니다. 최근에 기독교 언론과 단체들이 경쟁적으로 생존을 위해 폭로와 비방기사로 관심을 끌려는 모습이 증가하고 있다는 것은 더욱 우리를 슬프게 합니다.

묻고 싶습니다. 남을 비난할 자유 있다면, 긍휼을 베풀 자유도 있지 않겠습니까? 심판자 되기보다 심판을 위탁할 자유도 있지 않겠습니까? 나 자신이 하나님의 은혜가 아니면 생존하는 것 자체가 불가능한 존재인데, 누구를 정죄하고 심판한다는 말인가요? 나 자신이 비난받아 마땅한 존재이거늘, 어떻게 다른 사람을 비난하고 정죄하고 심지어 심판할 수 있을까요? 그래도 정도의 차이라는 게 있지 않겠습니까? 하고 반문을 할 지 모르겠습니다. 나는 상대적으로 덜 더럽고 비교적 깨끗하니까, 나서서 정의를 말해야 하는 것 아닌가 하고 반문할 수 있습니다.

제가 말하고 싶은 것은 비난이 능사가 아니라는 점입니다. 긍휼의 가치를 회복하는 노력이 병행되어야 한다는 것입니다. 지금 우리는 너무 한 쪽에 치우쳐 있지는 않은지 생각해 보아야 합니다. 긍휼의 윤리를 말하는 것은 의협심이 없어서도 아니고, 윤리의식이 희박해서도 아닙니다. 모든 심판을 역사의 주께 종말론적으로 위탁하는 것이요, 오늘 내게 주어진 기회와 능력을 긍휼의 윤리를 실천하는데 집중하자는 것이지요.

　　사실, 교회 안에 비난하고 정죄하고 심판하는 말들이 난무하는 짜증스러운 일들 보다 긍휼이 왕성해지는 새 윤리가 필요하지요! 교회 안에 아름다운 이야기 많아지면 얼마나 좋겠습니까? 교회가 나서서 사회에 봉사를 많이 한다는 이야기도 좋지만, 그보다 더 아름다운 이야기가 있어야 합니다. 은혜공동체의 본질에 걸 맞는 좋은 이야기, 말하자면 복음으로 인하여 새로워진 사람들의 이야기, 복음의 능력이 나타나는 이야기, 용서도 긍휼도 없는 문화 속에서 긍휼이 실천되고 용서의 참 뜻이 구현되는 곳이라는 이야기가 풍성해지기를 기대해 봅니다. 긍휼은 심판을 이기느니라. (약 2:13)

제4부 | 은혜공동체를 위한 은혜윤리

긍휼의 윤리에는 두 차원이 있습니다.
하나는 개인윤리적 차원이고 다른 하나는 공동체적 차원,
즉 교회의 윤리로서 기능하는 부분입니다. 긍휼은 개인의 윤리로 제한될
수 없습니다. 긍휼하심을 입은 자들의 공동체인 교회 안에서도 여전히
의미가 있습니다. 교회윤리로서의 긍휼의 윤리에는 다시 두 측면이
나타납니다. 그 하나는 예방적 기능입니다. 교회가 은혜공동체의
본질에 충실할 때, 긍휼의 윤리는 은혜공동체를 성숙시키는 역할을
해야 합니다. 다른 측면은 교정적 기능입니다. 교회가 상처입고
문제투성이가 되었을 때, 긍휼의 윤리는 교회의 은혜중심성을
회복시키는 역할을 해야 합니다.

제4부에서는 긍휼의 공동체적 차원에 대해 이야기합니다. 긍휼을
개인의 관심으로 제한할 것이 아니라 교회 안에서 실천할 덕목으로
제안하는 것이지요. 이를 통해 교회의 윤리적 갱신과 성숙에 보탬이
되기를 기대해 봅니다.

긍휼의 윤리가 개인의 영역을 넘어 공동체에 적용되어야 할 필요성에 관해 생각해 보았습니다. 나아가, 우리교회만 문제가 없으면 된다는 생각에서도 벗어나야 합니다. 모든 은혜공동체를 품는 윤리를 세워야 한다는 뜻이지요.

원컨대 주께서 내게 복에 복을 더 하사 나의 지경을 넓히시고(대상4:10)

여전한 서울 콤플렉스

해외여행이 자유롭고 다양해졌습니다. 연간 천 만 명이 넘게 해외여행을 다닌다고 합니다. 그러다보니 좋은 일만 있는 것은 아닌 것 같습니다. 여행경비를 대준다는 말에 가방을 운반해주다가 마약운반책으로 몰려 이국땅에서 복역 중인 사람들이 꽤 있다고 들었습니다. 그리고 최근에 있었던 아프가니스탄 피랍사건은 정말 불행했던 일이라 하겠습니다.

제가 말씀드리려는 것은 해외여행의 부작용이 아닙니다. 과거에 비해 글로벌화 된 시대를 살고 있습니다. 그에 걸 맞는 윤리의식이 필요하다는 겁니다. 예를 들어, 서울 콤플렉스는 글로벌 시대에도 여전히 극복되어야 할 과제입니다. 저 자신이 지방대학에 근무하고 있지만 수도권 전철이 다니는 등 지방이라는 생각이 별로 크지 않은 여건은 아닙니다. 하지만, 다른 분들 보시기에는 그렇지 않은 모양입니다. 행정구역상 수도권이 아니기 때문에 더 그런 것 같습니다.

지방에 대한 생각이 과거에 비해 많이 개선된 것은 사실이지만, 서울 콤플렉스만큼은 여전해 보입니다. 우선, 지방에 계신 분들이야 문화적·사회적 혜택에서 소외되어 있다는 점에서 서울 콤플렉스를 말하는 것은 당연할지 모르겠습니다. 실제로, 제 주변의 교수들이나 목회자들도 기회만 되면 서울로 옮기고 싶어 하는 분들이 상당 수 됩니다. 글쎄요. 뭐라 할 말은 없습니다만, 지방에서 일한다는 것으로 그 사람의 인생까지 평가절하 하지 않았으면 좋겠습니다.

제가 보기에 서울 콤플렉스에 또 다른 측면도 있습니다. 최근 도시탈출, 귀농 등 새로운 움직임도 있지만, 서울 분들이 역설적 의미에서 서울 콤플렉스를 가진 것 같습니다. 서울에서 살아야 하고 서울에서 일해야 의미가 있다는 생각에서, 서울을 벗어나게 되면 좌절하는 분이 있더군요. 이게 다 성서에 나온 표현처럼, '나사

렛에 무슨 선한 것이 있겠는가?' 하는 편견이 아닐까 생각해 봅니다.

'우리 교회'에 머물지 말아야

제가 보기에, 글로벌 시대에 서울이니 지방이니 말하는 것은 일종의 집착이 아닐까 싶습니다. 아무리 해외여행이 자유로워져도 서울만 고집하는 생각으로는 진정한 국제시민이 될 수 없겠지요. 제아무리 외국어에 능통하고 여행경력이 많아도 의식이 바뀌지 않으면 그런 것들은 하나의 경력이요 능력에 지나지 않을 겁니다.

이와 비슷한 또 다른 집착이 '우리'라는 말에도 담겨 있습니다. 이 말은 정겨움도 담고 있지만 집착의 측면도 있는 것 같습니다. 우리 집, 우리 동네, 우리 학교, 우리나라, 우리 민족이라는 말에는 끈끈한 소속감과 함께 일종의 이기주의적 요소가 동시에 작용합니다. 가족이기주의가 그렇고 교회이기주의가 그렇고 집단이기주의가 그렇습니다.

그런데, 이러한 '우리'의식이 이상한 방향으로 표출되는 경우가 있습니다. 가령, 기독교에 관한 나쁜 이야기가 터져 나올 때, 반사적으로 아마 우리교회는 아니겠지 혹은 우리교회만 아니면 된다는 생각이 그것입니다. 좋지 않은 일이 생긴 것은 틀림없지만, 우리와는 상관없는 어느 한 교회의 일이겠거니 생각하는 경향 말입니다. 글쎄요. 어떻게 생각해야 할까요?

긍정적으로 보면, 우리교회만은 그렇지 않을 것이라는 기대가 반영되어 있습니다. 자신의 소속감을 과시하고 자신이 소속된 집단에 대한 신뢰를 표현한 것이라는 점에서는 긍정적이라고 할 수 있겠습니다. 하지만 이런 생각으로는 윤리적 성숙이 저해되는 측면도 있습니다.

우리 교회 일만 아니면 된다는 생각은 일치와 연합의 의식을 흐리게 하고 우리가 속한 교회의 영적·도덕적 갱신을 저해할 수도 있습니다. 게다가 우리는 예외라는 생각에서 다른 교회의 일들을 비난하거나 폄하하는 데 익숙해지고, 결국 또 다른 자기 의를 강조하는 어리석음에 이를 수 있음을 기억해야 합니다.

긍휼의 지경을 넓혀라

글로벌 시대랍시고 해외여행, 해외단기선교만 많이 할 것이 아니라 우리의 윤리의식을 새롭게 해야 하겠습니다. 특히, 어느 한 교회에 안타까운 일이 생기면 마치 우리교회의 안타까움인 것처럼 공동체의식을 가져야 합니다. 우리교회는 안전하겠지, 우리교회만 문제없으면 된다는 생각에서 벗어나야 교회 전체의 윤리적 성숙을 기약할 수 있습니다.

예를 들어, 교회에 어려운 일이 생겼을 때, 그리스도 안에 있는 한 형제요 자매로, 아픈 일이 있는 교회를 위해 함께 아파하고 기쁜 일이 있는 교회를 축복해 주면 얼마나 좋을까요? 하지만 우리의 현실은 그렇지 못합니다. 경쟁과 분열 그리고 비방이 훨씬 더 가깝게 있지요. 언젠가 읽은 책에서, 한국의 교회는 분열을 통해 성장했다고 하더군요. 긍정적인 면보다는 안타까움이 더 큰 대목입니다.

우리교회는 그렇지 않겠지 하는 생각보다는 사고의 지평을 넓혀야 합니다. 최근에 '지경을 넓힌다'는 표현이 유행했던 일을 기억하시나요? 기복적인 생각으로 지경을 넓히려고 할 것이 아니라,

우리의 생각이 넓어지고 우리의 신앙이 깊어지고 우리의 윤리의식
이 탁월해져야 하는 것 아닐까요?

교회는 본래 신앙의 동질성을 가진 은혜공동체이기 때문입니
다. 어거스틴이 그의 유명한 〈신의 도성〉에서 하나님의 도성과 지
상의 도성의 태생을 사랑의 차이라고 했던 대목을 생각해 보십시
오. '두 사랑이 두 도성을 이루었습니다. 하나님을 멸시하면서까지
자신을 사랑하는 그 사랑이 지상의 도성을 만들었고, 자신을 멸시
하면서까지 하나님을 사랑하는 그 사랑이 하늘의 도성을 만들었습
니다.'(신의 도성 XIV.28)

적어도 우리가 하나님을 사랑한다는 점에서 공통점을 말할 수
있다면, 하늘의 도성에 속하는 사람들로서 유대감과 동질성을 가
지고 있음에는 의심의 여지가 없습니다. 우리가 윤리의식의 지경
을 넓혀야 하는 이유가 바로 여기에 있습니다. 마음 아픈 일을 당
한 교회가 있다면, 한 교회의 문제로 몰아세우거나 비난을 퍼부을
것이 아니라 긍휼의 마음으로 함께 하면 좋지 않겠습니까?

말하자면, 긍휼의 지경을 넓히자는 겁니다. 해외에 선교사를

파송하고 헌신의 지경을 넓이는 것도 좋지만, 그에 못지않게 교회
의 윤리의식 역시 그 지경을 넓혀야 하겠습니다. 긍휼의 지경을
넓힐 때, 우리 교회의 윤리적 성숙을 기약할 수 있을 것이라는 희
망이 있기 때문입니다. 긍휼은 심판을 이기느니라.(약2:13)

긍휼 없는 시대,
교회를 위한 변증

긍휼의 윤리는 시민사회를 사는 교회의 윤리적 갱신에 큰 관심을 가집니다. 특히 긍휼 없는 안티 시대를 위한 교회의 자기성찰을 강조합니다. 이는 신앙인부터 교회에 대한 긍휼의 변증에 관심을 가져야 한다는 뜻이기도 합니다.

그리스도의 남은 고난을 그의 몸된 교회를 위하여 내 육체에 채우노라. (골1:24)

변명과 변증, 본질이 다르다

한 단어가 각각 다른 용도로 사용되는 경우들이 있습니다. 말뜻이 여러 가지로 나타나는 경우도 있습니다. 사전을 보면 금방 알 수 있습니다. 예를 들어, 영어의 'Apology'도 그렇습니다. 사과, 사죄, 변명이라는 뜻도 있지만 기독교 전통에서는 '변증'(辨證) 또는 '호교'(護敎)라고 옮기는 단어입니다.

한 단어이지만, 뉘앙스가 다릅니다. 변명이라고 할 경우에는 오해나 잘못에 대한 해명 또는 양해를 구하는 뜻이 강합니다. 그런데, 변명이라는 말이 가진 우리말 느낌은 그리 긍정적이지 않습니다. 구차해 보인다고나 할까요? 차라리 해명한다는 것이 맞을 것 같습니다. 사건이나 문제와 관련된 자신의 입장을 밝히거나 사죄의 뜻을 표현하는 것이니까요.

하지만, 변증이라는 말로 옮기는 경우에는 조금 독특한 뜻을 가집니다. 변증 혹은 호교라는 말은 역사적 배경을 가지고 있습니다. 기독교 초창기에 기독교에 대한 오해와 모함이 많았고 그것은 음모와 박해로 이어졌습니다. 예를 들어, 성찬식에 사용되는 성경 말씀을 의도적으로 곡해하여 식인의식이라고 몰아세우기도 했지요. 어떤 분은 성찬식에서 너무 작은 싸이즈의 떡과 잔을 사용한다고 비꼬면서 기독교인을 속 좁은 사람들이라고 놀리기도 하더군요.

어쨌든, 변증 또는 호교라는 말은 기독교에 대한 오해를 풀고 기독교를 옹호하는 노력이라 할 수 있겠습니다. 그렇다고 해서 밑도 끝도 없이 기독교를 옹호하자는 취지는 아닙니다. 교회와 신앙인의 도덕적 잘못과 오류는 깨끗이 인정하고 바로 잡으려는 노력이 있어야 하기 때문입니다.

중요한 것은 호교 또는 변증이라는 말이 기독교의 본질에 대한 이해를 구하는 노력이라는 점입니다. 일부의 도덕적 오류와 실수까지 모조리 정당화해 준다는 것이 아닙니다. 현상과 사건으로서의 기독교에 붙어 다닐 수 있는 오해와 왜곡을 걷어내고 진실로서의 기독교를 만나게 하자는 것입니다. 호교와 변증의 진정한 목적과 참 뜻은 바로 여기에 있습니다.

오늘의 변증과 호교

변증과 호교는 교회사의 한 시대에 국한되지 않습니다. 더구나 보수적인 신학의 전유물도 아닙니다. 변증 내지 호교는 신앙을 가진 우리들 모두의 몫이라고 해야 할 듯싶습니다. 우리의 신앙에 대해, 우리의 교회에 대해 오해와 왜곡이라는 도전장이 여전하기 때문입니다.

하지만, 변증과 호교의 스타일은 달라져야 합니다. 초대교회의 변증이 교리와 신앙에 관한 이론적 성격을 띠고 있었다면, 오늘의 변증은 이론상의 논의가 아니기 때문입니다. 이미 확립된 기독교신학과 그 전통은 새삼 이론적 변증의 필요를 느끼지 않아도 될 정도입니다.

어쩌면, 우리시대의 'Apology'는 윤리적 관점에서의 호교라는 뜻이 강하다고 해야 할 것 같습니다. 오늘의 문제제기는 주로 기독교의 이름으로 행하는 일들에 대해, 교회의 활동에 대해, 신앙인의 행위에 대해 '왜 바르지 못하냐?'고 묻는 것들이기 때문입니다. 교리의 문제보다 윤리의 문제에 초점이 맞추어진 셈입니다.

하지만, 안타깝게도 이 부분에 대한 인식과 대처방식에 여러모로 미숙한 것이 사실입니다. 많은 신앙인들이 윤리에 관한 문제제기에 달가워하지 않거나 심각하게 생각하지 않는 경향이 있습니다. 간혹 문제의식을 가지고 있다손 치더라도, 교회의 행태들을 비난하고 정죄하는 수준에 그치고 있는 듯합니다.

오늘의 교회를 위한 윤리적 호교론 또는 호교론적 윤리가 필요합니다. 교회를 위한 바른 윤리가 필요하다는 뜻입니다. 그것은 교회의 모든 행위를 정당화하는 윤리가 아니라 교회를 탁월한 윤리적 공동체로 만들 수 있는 윤리이어야 합니다. 아마도 그것이 우리시대의 교회를 위한 가장 힘 있는 호교가 될 것입니다.

교회의 윤리적 탁월성을 말한다고, '튀는' 주장을 하자는 뜻은 아닙니다. 최근에 읽은 글에, 동성애를 교회가 왈가왈부 할 것이 아니라 동성애자들에게 맡겨야 한다는 분이 계시더군요. 글쎄요, 신중론이 주를 이루고 있으며 그들에 대한 목회적 돌봄의 대안을 찾자는 주장이 설득력을 얻는 상황에서 굳이 '튈' 필요가 있을까요? 이 대목은 반드시 복음에 비추어 검증해야 할 것 같습니다. 우리에게 필요한 것은 '튀는' 생각이 아닙니다. 교회와 신앙인의 진정한 변화, 바로 그것이 간절히 요구됩니다.

긍휼의 실천, 은혜의 윤리

문제는 어떻게 윤리적 변화를 이끌어 낼 것인가? 하는 점입니다. 우리는 그 길이 책망과 비난과 정죄 아닌 긍휼에 있다고 봅니다. 교회 안에 도덕적 문제나 분열이 없을 때, 은혜의 가치와 중요성을 가르치고 강조하는 노력이 필요합니다. 우리의 정체성이 긍휼로 얻은 구원에 있음을 말해야 합니다. 또한 교회가 시민적 비난의 대상이 되지 않도록 은혜공동체적 정체성을 교육하고 설교해야 합니다. 예방적 차원의 호교인 셈입니다.

문제가 발생하는 상황에서는 치유적 차원의 호교가 필요합니다. 여기에서 우리는 어거스틴의 지혜를 참고해야 합니다. 그는 교회가 안팎으로 원수에 둘러싸여 있다고 하면서, 밖에 있는 원수는 피하기 쉽지만 안에 있는 원수는 감당하기가 훨씬 어렵다고 합니다. 그리고 교회에 대한 사랑을 강조하면서, 어거스틴은 말합니다. '나는 여러분의 박수를 원하지 않습니다. 여러분의 눈물을 보여주십시오.'

이 대목은 진정한 변화를 전제로 교회에 대한 참 사랑을 가지라는 교훈으로 생각해 볼 수 있겠습니다. 맞습니다. 교회를 향한 철저한 자기성찰에서 나오는 눈물이 필요합니다. 교회를 위한 눈물, 진실을 위한 눈물 말입니다. 제가 보기에, 우리시대에 변증과 호교의 영성이 메마르고 비난과 정죄의 영성이 득세하고 있는 것 같습니다. 무엇보다도 교회를 위한 눈물이 마르고 거친 비난이 그 자리를 대신하는 것 같아 안타깝습니다.

어거스틴은 어떠한 경우에도 교회를 사랑하라고 합니다. 교회는 이 세상과 그 모든 시련과 유혹의 추문들을 참아야 한다고 합니다. 그는 진정한 사랑의 길을 떠나지 말자고 권하면서 교회의 일치와 그리스도와 사랑을 지키자고 호소합니다. (요한서신강해

Ⅸ.11) 이러한 관점은 하나님의 도성을 향한 순례라는 대전제와 맞닿아 있습니다. 그의 표현대로 한다면, 끝이 아닌 것들에 멈추지 말고 계속해서 나아가야 합니다. 마치 여객들이 휴게소에서 잠시 쉬었다가 다시 출발하는 것처럼 끝에 도착할 때까지 나아가자는 겁니다. 그리고 하나님과 형제들과 교회를 사랑한다면 끝없는 사랑에 거해야 한다고 말합니다. (요한서신강해 Ⅹ.6)

여기에 긍휼의 윤리, 은혜의 윤리가 있습니다. 예방적 차원에서도 긍휼, 치유적 차원에서도 긍휼, 그것이 답입니다. 제가 말하는 교회의 윤리적 탁월성이란 이것입니다. 긍휼이야말로 진정한 변화의 원동력이 될 것이며, 우리시대를 위한 기독교의 변증과 호교의 핵심이라 하겠습니다.

오늘, 교회가 평안하다면 교회의 본질이 은혜공동체임을 설교하고 교육하며 교회사랑을 통해 도덕적 문제들을 예방해야 합니다. 문제가 생겼을 때에도 교회를 질책하고 비난할 것이 아니라 교회를 사랑하는 노력이 필요합니다. 소문내고 들춰내며 비난하는 관점이 아니라, 변증적 관점, 호교적 관점이 필요합니다. 비난과 정죄와 타도와 심판보다 당면한 문제를 해결할 방법과 대안을

찾는 노력이 우선되어야 한다는 뜻입니다. 긍휼은 심판을 이기느

니라.(약2:13)

긍휼의 윤리는 교회의 개혁을 요구합니다. 그것도 윤리적 개혁과 갱신을 요구합니다. 하지만 비난과 정죄의 방법이 아니라 긍휼의 방법으로 개혁되어야 함을 강조합니다. 교회는 은혜공동체이기 때문이지요.

> 형제들아 사람이 만일 무슨 범죄한 일이 드러나거든 신령한 너희는 온유한 심령으로 그러한 자를 바로잡고 네 자신을 돌아보아 너도 시험을 받을까 두려워하라. (갈6:1)

이긴다는 것

제가 가르치는 대학에 해마다 가스펠 콘테스트가 열립니다. 대학선교를 목적으로 하는 것이지만, 어느 덧 종교행사의 범위를 넘어서 캠퍼스의 소중한 전통으로 자리를 잡았습니다. 요즘같이 안티 기독교적 분위기가 두드러진 때에 조심스러운 측면이 없는 것은 아니지만, 일종의 대학문화 이벤트로 자리를 잡아서, 오히려 행복한 고민이 생길 정도입니다.

특히 학과별 경쟁으로 승부에 대한 관심이 상당합니다. 마치 학과별 체육대회나 동아리 경연대회처럼, 우승기 차지하는 것을 학과의 명예로 생각하더군요. 한편으로는 다행입니다. 하지만 대회결과에 불만도 제기됩니다. 자기들은 정말 열심히 준비했고 기대가 컸는데, 왜 수상하지 못하는지 항의가 들어오기도 합니다. 하지만 전부 다 우승을 시킬 수도 없는 노릇 아닙니까? 어쨌든 행복한 고민입니다.

이기고자 하는 것은 어떤 형태의 경쟁에도 공통적인 것 같습니다. 하기야 스포츠 심리학에서는 승부근성을 이용하여 경기력을 향상시킨다고도 하더군요. 지고 싶어하는 사람은 없다고 봅니다. 오죽하면 '지고는 못 산다'고 하겠습니까? 이기는 자가 되기를 원하는 것은 보편적인 것인 모양입니다.

이긴다는 것의 여러 뜻, '능가하다', '압도하다', '탁월하다', '승전하다', '승소하다' 등 여러 가지 중에서도 저는 특히 '승소하다'는 말에 관심이 갑니다. 재판에서 이긴다는 뜻이지요. 재판에 승자와 패자가 있게 마련이고, 재판이라는 것은 결국 옳고 그름에 대한 법률적 심판이라 하겠습니다.

잘은 모릅니다만, 재판에서 이기려면 법률의 요구에 충실한 논리를 구성하고 입증을 잘해야 할 것 같습니다. 이따금 재판결과가 상식에 어긋나는 경우가 있다고 하지요. 국민의 법 감정에 충

실하지 못한 판결이라는 경우도 있더군요. 잘 살펴보면, 실정법이
규정하는 절차와 논리에 충실하게 입증한 쪽의 손을 들어 준 것 아
닐까 싶더군요. 물론, 법이 잘못되었다면 법을 고치는 것이 옳겠
지요.

심판을 이기는 긍휼

제가 보기에, 재판이라는 것은 본질상 '심판'이요, 결국은 법
감정이나 상식이 중요하겠지만 당장은 법 논리에 충실했는지를 심
판하는 것이라 하겠습니다. 그런가 하면, 세금에 대해서도 심판절
차가 있고 부당경쟁에 대해서도 비슷한 절차가 있더군요. 이런 분
야들에서 이기려면 나름대로 충분한 준비가 필요하겠지요. 심판
을 내리는 자도 그렇고 심판을 받는 자도 그렇습니다.

하지만, 아무리 치밀하게 준비해도 절대로 이길 수 없는 심판
이 있습니다. 죄에 관한 심판이 그것입니다. 하나님의 법정에서는
죄의 문제에 승소를 장담할 그 누구도 없습니다. 죄의 삯은 사망
인 것이 분명하니까요. 그리고 종말론적 심판이라는 것도 있습니
다. 역사의 종말에 주께서 선과 악을 심판하시는 날이 반드시 올

것입니다. 두려운 마음으로 오늘의 삶에 최선을 다해야 하겠지요.

그런데, 야고보서를 보면 심판을 이기는 능력이 있다고 합니다. 야고보서 2:13에 긍휼이 심판을 이긴다고 했습니다. 무슨 뜻일까요? 긍휼의 탁월성, 긍휼이 가지는 진정한 가치를 말해주는 것 아닐까요? 우리들 모두가 심판받아 마땅한 존재들이요, 역사의 종말에 모두가 하나님의 심판대 앞에 설 것이 분명합니다. 그러나 주는 우리를 불쌍히 여기시어 우리의 죄를 용서하셨고 아무 자격도 없는 우리에게 구원을 선물로 주셨습니다.

기독교윤리의 본질이 여기에 있습니다. 주의 긍휼이 우리를 복음의 사람 되게 하였기에 우리들 역시 복음의 사람으로, 긍휼을 베푸는 자가 되어야 한다는 것이지요. 말하자면, 긍휼이 심판을 이긴다는 것은 긍휼의 종말론적 승리요, 긍휼의 윤리야말로 정죄와 심판의 윤리를 넘어서는 탁월한 윤리임을 보여줍니다.

안타깝게도 우리 주변에 심판자들이 너무 많습니다. 정죄하고 비난하고 폭로하는 사람이 정말 많습니다. 심판은 오직 주께서 하시면 될 텐데 말입니다. 정작 그분들은 완전한 도덕성을 가졌는지 묻고 싶습니다. 어쨌든, 그분들이 잊지 말아야 할 것이 있습니다. 예수께서 하신 말씀, 비판을 받지 아니하려거든 비판하지 말라고 하신 것이나 긍휼히 여기는 자는 긍휼히 여김을 받을 것이라는 말씀은 언어상의 수식을 위한 장식품이 아니라는 점입니다. 복음의 윤리가 거기에 담겨 있다는 것, 그것을 잊지 말아야 합니다.

긍휼에 의한 교회개혁

오늘의 교회를 살펴보면, 본질에 충실한 부분도 있지만 그렇지 못한 대목도 없지 않습니다. 만일 그것이 복음적 신앙과 신학에 해당하는 것이라면 제2의 마틴 루터가 필요할 겁니다. 그러나 제가 보기에, 오늘의 교회가 지탄받는 대부분의 요소들은 신학적 오류보다는 잘못된 실천에 있습니다. 도덕적이고 윤리적인 측면에서 문제가 있다는 지적들이 이를 반증해 준다고 하겠습니다.

교회의 개혁을 말할 때, 루터의 시대에는 신앙의 개혁에 초점을 두었다면, 오늘의 개혁은 아마도 윤리의 개혁이 되어야 하는 것 아닐까 싶습니다. 그리고 바람직한 개혁을 위한 바람직한 방법이 사용되어야 할 겁니다. 안타깝게도, 대부분 윤리적 개혁을 명

분으로 심판이 자행되고 있습니다. 비난, 폭로가 그것입니다. 게다가 비난하는 자 스스로 의로움을 표방하는 것 같아서 더욱 아쉽습니다.

사실, 학문의 발전에는 건전한 비판이 필요하지요. 언젠가 세미나의 논평을 하시는 분께서 자신은 혹독하고 냉철한 비판이 글을 쓴 분에 대한 최고의 예의이며 학문발전을 위한 기여가 되리라 확신한다며 맹공을 퍼붓는 장면을 보았습니다. 옳은 말씀이기는 하지만, 어디 저처럼 겁 많은 사람은 글이나 발표할 수 있겠습니까?

문제는 비판을 넘어 비난하는 버릇을 교회에 들이대는 경우들입니다. 사실, 교회는 은혜에 대해서는 '말'해왔지만 정작 '말'로 하는 비난에는 익숙하지 않습니다. 교회가 비난에 대처하는 방식이 미숙한 것은 당연하겠지요. 교회가 비난의 언어보다 은혜의 언어, 긍휼의 언어를 선호해 왔던 것이 그 이유가 되겠지요.

하지만 비난에 겁먹을 것이 아니라 능동적으로 대처해야 합니다. 비난에 힘으로 대응하자는 것이 아닙니다. 그럴수록 교회는 더욱 긍휼의 윤리에 충실해야 합니다. 일찍이 어거스틴은 로마의 재앙을 기독교에 탓하는 로마인들을 향하여 이런 말을 했습니다. 로마인들이여 그대들의 타락에도 불구하고 여러분이 살아남아 있게 된 것이 하나님의 은혜임을 기억하시오.(신의 도성 I.34) 남을 비난하기 전에 자신을 돌아보라는 겁니다.

그리고 로마인들의 비난에 괴로워하는 그리스도인들에게는 이렇게 말합니다. 순탄함이나 역경도 그 이용여부가 참으로 중요합니다. 수난의 종류가 문제인 것이 아닙니다. 누가 어떤 인간으로서 그것을 겪어 내느냐가 참으로 중요합니다.(신의 도성 I.8)

교회에 대한 비난에 괴로워하는 우리는 어떤 인간인가요? 은혜와 긍휼의 분야에서 교회는 탁월한 훈련을 받아왔습니다. 비난에 능숙한 분들이 그 기술에 탁월한 것처럼 말입니다. 따라서 교회가 심판적 비난을 능가하는 길은 긍휼의 기술을 배우고 익숙해지는 것입니다. 그것이 바로 탁월한 긍휼의 공동체, 은혜의 공동체가 되는 길이 되리라 봅니다.

그리스도인은 긍휼을 힘입은 자들이요, 긍휼로 사는 자들이기에 모든 심판적 비난 앞에 긍휼의 사람으로 서야 합니다. 비판적 논객들이 도전장을 내밀 때, 교회는 긍휼의 관점에서 스스로 되돌아보고 잘못을 바로 잡는 용기와 지혜를 발휘해야 합니다.

무엇보다도, 긍휼의 힘을 과소평가하지 말아야 합니다. 긍휼은 인간을 변화시키고 죄인을 구원받게 하며 용서받을 수 없는 자를 용서하게 하는 능력입니다. 만일 교회가 개혁되어야 한다면, 마땅히 개혁해야 합니다. 그러나 복음 안에서, 긍휼의 방식을 따라야 합니다. 긍휼에 의한 개혁을 생각하자는 겁니다. 긍휼의 윤리를 통해 개혁되는 교회야말로 세상을 향한 긍휼의 능력을 발휘하는 원동력으로 작용할 것이기 때문입니다. 긍휼은 심판을 이기느니라.(약2:13)

긍휼의 윤리는 시민사회를 사는 신앙인들에게 교회의 윤리적 성숙의 가능성을 인식시키고자 합니다.
분명, 교회는 윤리적일 수 있습니다. 그것도 복음과 은혜에 기초한 긍휼을 통해 가능하리라 확신합니다.
오직 순전함과 진실함의 누룩 없는 떡으로 하자. (고전5:8)

기독교는 윤리가 아니다?

오래전 신학대학원 학생시절, 어느 교회에서 교육전도사로 일하던 때의 기억입니다. 당시 저는 고등부를 지도하고 있었는데, 부장이신 안수집사님이 정작 주일예배는 물론이고, 고등부 예배에도 나오지 않는 경우가 너무 많아 이해가 되지 않더군요. 그분 말씀을 액면 그대로 믿자면, 서울 모처에 온천을 개발 중인데 그 사업에 몰두해야 한다는 이유였습니다. 하여간 전도사의 입장에서는 영 마음이 편치 않았던 분이었습니다.

얼마 지나지 않아 알게 된 사실입니다만, 사기전과 9범이더군요. 그동안 이번일 한 건만 터지면 대박난다고 하던 서울시내 온천개발 사업이라는 것도 결국은 신문기사에 나올 정도로 제법 큰 사기사건으로 밝혀졌습니다. 기가 막히더군요. 어떻게 그런 분을 고등부학생들을 지도하는 부장으로 임명할 수 있었는지 담임목사님의 처사에 기분이 너무 많이 상했습니다.

무언가 다른 이유가 있었을 텐데, 아직도 잘 납득이 되지 않는 부분입니다. 아마도 그분에게 기회를 주고 싶으셨던 것 아닐까 추측해 봅니다. 하지만 그 당시에는 왜 그런 분이 교회에 드나들게 방치할 뿐만 아니라 안수집사라는 항존직 직분까지 임직했는지 도무지 이해할 수 없었고, 젊은 신학생에게는 무척이나 답답해 보이는 부분이었습니다.

그 어간에 어떤 목사님의 방송설교에서 기독교는 윤리가 아니라는 말씀을 들었습니다. 구원을 받는 것은 윤리적인 공로에 의한 것이 아니라고 하시더군요. 백번 맞는 말씀입니다만, 아쉬움이 남더군요. 분명히 구원은 오직 은혜로 얻는 선물입니다. 하지만 구원받은 자의 윤리가 있다는 말씀까지 하셨으면 하는 아쉬움이 저 자신이 설교자가 된 지금도 남아 있습니다.

제가 보기에, 기독교는 윤리가 아니지만 또한 윤리적이어야 합니다. 윤리적 공로나 자기 의를 자랑할 것도 없지만, 구원받은 자가 윤리에서 면제되는 것도 아니라는 점이 균형있게 다루어져야 할 것 같습니다. 은혜를 받은 자로, 은혜에 응답하는 책임의 윤리가 세워져야 하지 않겠습니까?

교회 안에도 섞여있다

가만히 보면, 교회의 윤리수준에 대한 기대와 현실에는 큰 차이가 있는 것 같습니다. 이것은 교회 안에 있는 사람이나 교회 밖에서 교회를 보는 사람이나 가릴 것 없이 느끼는 것이라 하겠습니다. 오늘의 교회가 처해있는 현실에 대한 안타까움을 보여주는 것이지요. 동시에, 교회의 윤리적 성숙을 기대한다는 반증일 수 있습니다.

먼저, 우리가 인정해야 할 부분이 있는 것 같습니다. 교회 안에 깨끗하고 수준 높은 도덕군자들만 있는 것은 아니라는 점 말입니다. 오죽하면 사도바울은 고린도교회의 윤리적 문제들에 대해 단호한 어조로 권면하면서 교회에 덕을 세우라고 하지 않았습니까?

어거스틴 당시의 교회에도 문제는 여전했습니다. 그는 이렇게 말합니다. '교회에 선한 자와 위선자가 섞여있습니다. 이 세상의 순례길을 가는 한에는 부인할 수 없는 일입니다.'(그리스도교 교양 Ⅲ.32) '열광적으로 교회를 칭송하던 사람도 교회 안에 선과 악이 섞여 있음을 모른다면, 교회 안에 들어와 실상을 알고 나서 환멸을 맛보게 될 것입니다.'(시편강해99.12)

어거스틴의 진단은 여기에 그치지 않았습니다. '예수를 찾지만 현세적인 이익을 얻을 생각으로 오는 사람이 얼마나 많은지요! 사업을 벌인답시고 목회자에게 의논하러 오는 사람도 있습니다. 권력자에게 쫓겨 교회낭에 피신하기도 합니다. 고위공무원을 만날 연줄을 찾기 위해 오기도 합니다. 이 사람은 이렇고 저 사람은 저렇습니다. 교회는 하루 종일 이런 사람들로 북새통입니다.'(요한복음강해11.10)

또 이렇게 말하기도 합니다. '교회에 거짓 맹세하는 이들과 배반자들과 범죄인들과 미신을 믿는 이들과 간음을 하는 이들과 술고래들과 대금업자와 사기꾼 등 이외에도 여러 가지 악덕을 저지른 이들도 들어 있습니다. 이 모든 것이 그리스도의 가르침을 거

스른 일들이며 하나님의 말씀을 대적하는 일들입니다.'(요한서신강
해Ⅲ.9)

그것뿐이겠습니까? 현대사회의 다양한 도덕적 문제들이 교회
에 그대로 전염되고 있지 않습니까? 교회 안에 침투한 소비지상주
의, 기복주의와 결합된 향락적이고 퇴폐적인 행태들은 물론이고
권위주의적이고 율법주의적인 모습들이 우리를 실망시키고 있습
니다.

어거스틴의 관점대로 하자면, 하나님의 도성에 이르기 전까지
지상의 도성에 있는 교회들에 나타나는 현실적인 아쉬움입니다.
마지막에 밀과 가라지를 나눌 그 날까지 혼재되어 있을 불가피한
현상입니다. 이 모든 일들을 보면, 교회가 탁월한 윤리의 공동체
가 되어야 마땅하건만, 교회의 현실이 그리 간단하지 않다는 점을
깨닫게 해 줍니다.

교회, 윤리적일 수 있다

교회의 현실이 어쩔 수 없다면, 교회의 윤리는 도무지 기대할

수 없는 것인가요? 그렇지 않습니다. 교회는 윤리적일 수 있습니다. 아니, 교회는 윤리적이어야 합니다. 오직 은혜로 구원을 받은 자들의 공동체로서, 복음에 합당한 윤리적 삶을 살아야 마땅합니다. 그것은 신앙인과 교회의 책임입니다.

하지만 윤리를 보는 관점은 달라져야 합니다. 명령하고 윽박지르며 비난하고 정죄하는 율법적 윤리를 말하는 것이라면, 교회는 윤리적일 수 없습니다. 교회의 윤리는 복음의 윤리요, 은혜중심의 윤리이어야 하기 때문입니다. 그리고 권위주의적인 질서를 강조하거나 '싸가지가 있네, 없네'를 운운하는 의미에서는 윤리적일 수 없습니다. 교회의 윤리는 섬김의 윤리요 덕을 세우는 윤리이어야 하기 때문입니다.

교회가 윤리적일 수 있다면, 그것은 율법적 윤리나 권위주의적 윤리가 아니라 은혜의 윤리, 용서받은 자의 책임윤리, 은혜공동체를 위한 윤리이어야 합니다. 윤리의 중심이 율법에 있지 않고 은혜에 있어야 한다는 겁니다. 이를 통해 교회의 탁월한 윤리가 세워질 수 있다고 봅니다. 비난하고 정죄하고 심판할 것이 아니라 섬기며 배려하며 긍휼을 베푸는 윤리를 세워야 한다는 것이지요.

탁월한 교회윤리로서, 은혜윤리에는 크게 두 가지 지평이 있습니다. 하나는 개인윤리입니다. 은혜로 용서받은 존재라는 윤리적 정체성을 확립하자는 겁니다. 다른 사람 아닌 내가 가장 큰 긍휼을 힘입은 자라는 정체의식을 가져야 합니다.

어거스틴이 말한 것처럼, '우리가 남 하는 짓 못 참아할 때, 나 자신에게도 남이 참아주어야 할 점이 있지 않을까를 생각해야 합니다.'(시편강해 99.9) 바로 여기에서 용서받은 자의 윤리, 긍휼의 윤리가 나온다고 하겠습니다.

다른 하나는 공동체적 지평입니다. 은혜공동체인 교회의 윤리가 그것입니다. 여기에는 예방적 차원과 치유적 차원이 병존합니다. 지금 평화로운 교회는 더욱 은혜중심성을 성숙시켜야 할 것이요, 오늘 어려운 문제로 위기에 처한 교회는 은혜의 회복을 위해 윤리적 자기갱신을 추구해야 한다는 뜻입니다. 이러한 은혜중심의 윤리가 교회로 교회되게 하는 중요한 단초가 될 것이기 때문입니다.

'이 시대가 어렵다고들 합니다. 그러나 이 시대를 사는 우리가 먼저 우리 자신을 쇄신하고 보다 더 충실한 신앙인이 된다면 이 시대와 이 세상도 더 나아질 것입니다.'(요한서신강해 번역서문에서)

우리는 기대합니다. 비난과 정죄와 심판의 윤리보다 은혜에 기초한 긍휼의 윤리가 교회를 교회되게 하며, 교회를 탁월한 윤리의 공동체로 만들어 줄 그 날을 말입니다. 긍휼은 심판을 이기느니라.(약2:13)

긍휼의 윤리는 교회의 윤리입니다. 교회로 교회되게 하자는 겁니다. 교회가 긍휼의 능력을 따라 온전한
은혜공동체로 거듭날 때, 교회는 교회되리라 봅니다. 그래야 시민사회에 대한 윤리적 지도력도 회복되지
않을까요?

온 백성에게 칭송을 받으니 주께서 구원 받는 사람을 날마다 더하게 하시니라. (행2:47)

검증해야 한다면

검증(檢證)이라는 말에는 검증의 주체와 대상과 방법이 포함되어야 마땅합니다. 그런데, 검증을 말하는 경우, 대부분 검증의 필요성을 말하는 선에 그치는 경향이 있습니다. 검증을 말할 때에는 도대체 누가 누구를 어떻게 검증할 것인지 좀 더 깊이 생각하고 말해야 할 것 같습니다.

우리사회에 검증이라는 말이 유행어가 되었습니다. 인물검증, 학력검증 그리고 검증시스템에 관한 이야기들이 아주 많아졌습니다. 정직한 학력, 탁월한 실력이 인정받는 계기가 되기를 기대하면서, 한편으로, 누가, 누구를, 왜, 어떻게 검증할 것인지에 대한 깊은 생각을 가진 분들이 많아졌으면 합니다.

교회도 예외는 아니라고 생각됩니다. 언제부터인지 한국교회 지도자들의 세대교체에 특이한 경향이 하나 생겼습니다. 외국학위, 해외목회경력 그리고 그럴싸한 간판이 목회자를 청빙하는 기준이 되어버렸습니다. 도무지 토종 목회자들에게는 기회라는 것 자체가 없어서인지 어떤 분은 말하기를, 국내 목회자들에게는 교회개척 밖에는 대안이 없다고 푸념하는 소리도 들은 것 같습니다.

제가 말하려는 것은 해외파를 배격하자는 것이 결코 아닙니다. 어떻게 해서든 외국이름으로 학위를 받았다고 포장하고 싶어 하는 모습이나, 외국에서 목회하던 분을 모셨다고 자랑하는 교회의 모습에서 교회의 교회다움에 관한 생각이 새로워져야 한다는 점을 말하고 싶은 겁니다.

주변의 목회자들을 보면, 외국에서 공부하고 외국에서 목회하시던 분들이 국내에서도 탁월한 목회지도자가 되는 경우들을 많이 볼 수 있습니다. 하지만 국내에서 준비하신 목회자들도 얼마든지 탁월하게 목회할 수 있다는 사실도 잊지 말아야 합니다.

제가 생각하기에는 해외에서 발급하는 학위를 가지고 있느냐 없느냐에 따라 목회자를 판단할 것도 아니요, 해외에서 목회하다가 오셨느냐 국내에서만 목회했느냐 하는 점을 중요시 할 것도 아닙니다. 그분이 교회로 교회되게 할 수 있는 목회자인가 하는 점이 입증되어야 하지 않을까요? 그리고 오늘의 한국교회가 은혜중심의 교회인가를 살펴보아야 하지 않을까요?

무언가 해야만 한다면

율법주의에 흐르지 않는 바른 신학, 바른 윤리는 어떻게 세워야 하는 것일까요? 신학적 윤리이론을 들이대는 것보다는 조금 다른 각도에서 생각해보고 싶습니다. 가만히 보면, 요즘 목회자들에게 고민이 많은 것 같습니다. 특히 교회가 부흥하기 위해서는 무언가 새로운 프로그램을 도입하고 관심을 끌 수 있는 이벤트를 열어야 한다는 고민이 많은 것 같습니다.

워크 홀릭이라는 말이 있지요. 알콜에 중독된 분들이 의존증세를 보이는 것처럼, 무언가 해야만 한다는 강박관념이 찾아들고, 쉼 없는 일의 연속을 자존감의 확인이라고 생각하는 경우들이 더러 있는 것 같습니다. 직장인들 사이에서만 그런 것이 아니라, 교회 안에서도 비슷한 것 같습니다.

목회자는 물론이고, 성도들까지 나서서 무언가 새로운 일을 만들고 행사를 해야만 만족을 얻을 수 있다고 생각하는 분들이 의외로 많더군요. 이번 행사가 끝난 다음에는 어떤 프로그램을 해야 하는지, 다른 교회에서는 어떤 일을 하는지에 대해서도 관심도 많아진 것 같습니다.

일하는 것은 중요한 것입니다. 일을 통해 나의 존재를 확인하고 미래의 비전을 이룰 수 있기 때문이지요. 하지만, 우리가 하는 일들이 이벤트나 프로젝트처럼 익사이팅하지 않아도, 마땅히 해야 하는 일이라면 바로 그 일들을 통해 의미와 보람을 찾아야 하는 것은 아닐까요?

무언가 해야만 한다면, 우리의 신앙에 어울리는 바람직하고 바른 윤리의식을 세우고, 그것을 실천해야 하지 않을까요? 검증해야 할 것이 있다면, 누가 죄인인지 색출해내는 것보다 나의 나 됨을 다시 한 번 되돌아보고 스스로를 먼저 검증해야 하지 않을까요?

'너나 잘 하세요'를 말하는 것이 아닙니다. 왜 시민사회가 교회를 못잡아먹어서 안달이냐고 항변하기 이전에, 교회 안에서부터 윤리적 각성을 새롭게 해야 한다는 겁니다. 교회에 와서도 여전히 해외냐 국내냐 하면서 학벌을 내세우거나, 해외파 목회자를 청빙한 교회라고 자랑하거나, 개척멤버니, 고참이니 하면서 신앙연륜을 자랑할 때가 아닙니다. 학벌과 배경과 연륜을 떠나 모두에게 골고루 은혜를 주시는 주님 앞에 우리 자신의 모습을 겸손히 되돌아보아야 할 시점입니다.

교회로 교회되게 하라

교회로 교회되게 하는 일(let the church be the church)은 이벤트와 프로그램에 밀려날 수 없는 중요하고도 본질적인 과제입니다. 특히, 한국사회에서 개신교인구가 감소한다는 위기의식 속에 활발하게 전개되는 이른바 '부흥운동' 역시 교회로 교회되게 하는 일이어야 합니다. 분명한 것은, 부흥운동만으로 부흥이 이루어지는 것은 아니라는 겁니다. 하나님이 허락하셔야 합니다.

개인적으로 존경하는 어느 원로목사님의 지론을 되새겨 보고 싶습니다. 교회를 부흥시키려고 애쓸 것이 아니라, 교회로 교회되게 하면 부흥된다는 것이지요. 백번 옳은 말씀이라고 봅니다.

그렇다면, 무엇이 교회로 교회되게 하는 것인가요? 이 질문에는 원칙적인 답, 즉 '성경으로 돌아가라'는 대 전제에서, 교계의 여러 어르신들과 목회자들 그리고 신학자들을 통해 여러 가지 답이 나올 수 있겠습니다. 특히 신학자들의 경우에는 각각의 신학적 관심에 따라 그 답이 다양하게 나올 것 같습니다.

윤리학자의 한 사람으로서, 제가 보기에 한국교회는 무엇보다도 탁월한 윤리적 공동체가 되어야 한다고 봅니다. 교회의 문제들과 목회자와 신앙인의 윤리적 실수들을 고발하고 폭로하자는 이야기가 아닙니다. 윤리적 각성, 윤리적 책임의식이 필요하다는 이야기를 하고 싶은 것이지요. 특히 교회가 사회에 선한 영향력을 주기보다, 사회로부터 도덕적 질타를 당하는 경우에, 우리의 입장을 '변명'하는 것보다 우리의 '변화'를 보여주는 것이 중요합니다.

이 일은 비난과 정죄와 폭로와 타도의 심판적 윤리로 이루어지지 않습니다. 교회의 참 모습을 찾기 위한 노력, 즉 은혜중심성을 회복하기 위한 긍휼의 윤리가 필요합니다. 진정한 회개, 새로운 결단 그리고 책임적 실천을 통해 우리를 긍휼히 여기시는 하나님의 은혜를 회복하자는 겁니다.

어거스틴은 〈신의 도성〉에서, 로마인들의 덕성과 신앙인의 덕성을 구분하였습니다. 특히 덕의 원천이 다르다고 합니다. 로마인들이 추구한 덕스러움이 인간에 의해 완성되는 것이었다면, 신앙인의 덕성은 하나님에 의해 주어지는 것이어야 한다고 말했습니다. 어거스틴은 로마인들이 영웅심과 자기자랑을 앞세우는 '자기의'에 의한 덕성과는 달리, 하나님 앞에 겸손히 죄인 됨을 고백하는 것이 그리스도인의 참된 덕의 출발점이라고 보았던 것이지요.

이러한 의미에서, 교회의 교회됨을 위해 윤리가 세워져야 합니다. 그것도, 바른 신학에 의한 바른 윤리가 세워져야 합니다. 교회가 누군가를 검증한다면, 은혜중심의 신학, 은혜중심의 윤리를 실천하고 있는가를 다루어야 합니다. 교회가 무언가 해야만 한다면, 교회와 신앙인을 향한 비난과 정죄의 심판적 윤리를 벗어나 긍휼의 윤리를 세워가야 합니다. 긍휼은 심판을 이기느니라.(약 2:13)

<h1>탁월함으로 다르게</h1>

긍휼의 윤리는 교회에 탁월함을 요구합니다. 영원을 바라보는 사람들, 긍휼을 얻은 사람들은 보통의 사람들과 다르게 사는 사람들이어야 합니다. 다르다는 것의 핵심으로 윤리적 탁월성을 보여주자는 것이지요.

> 너희는 이 세대를 본받지 말고 오직 마음을 새롭게 함으로 변화를 받아 하나님의 선하시고 기뻐하시고 온전하신 뜻이 무엇인지 분별하도록 하라. (롬12:2)

다르게 산다는 것

출퇴근 시간에 주로 이용하는 기차역에 조금은 유혹이 될 만한 작은 일이 하나 있습니다. 매일 아침 열차에서 내려 다시 전철로 환승을 해야 하기 때문에 조금은 복잡한 계단을 오르내려야 하지요. 그런데 제가 환승하는 기차역에는 열차표를 내지 않고, 전철 요금도 내지 않고 바로 환승구로 연결되는 통로가 하나 있습니다. 몇몇 사람들이 그 길로 다니시는 것을 보고 잘 이해가 되지 않았습니다.

정당하게 요금내고 다녀야 하는 것 아닌가 싶어서 말이지요. 하지만 막상 생각해보니, 멀리 돌아서 표 검사를 받고 다시 전철 요금을 카드로 찍고 오는 길을 선택하느니 거리도 짧고 요금도 절약되는(?), 그 길이 일석이조인 셈이라 꽤나 편리해 보였습니다.

　어느 날 아침, 순간적으로 '나도 한번 저 길로 가볼까?'하는 생각도 들더군요. 딱히 누가 지켜보는 사람도 없는 것 같고, 얼마 안 되는 금액이기는 하지만 요금까지 절약할 수 있겠다는 생각이 들었던 것이지요. 아마도 그날처럼 환승요금이 그렇게 아깝고 커 보이는 날도 없었을 겁니다. 게다가 그 길로 지나가는 다른 분들이 너무나 자연스럽게 통행하시는 것을 보고, 큰 부담감도 없을 것 같아 보였습니다. 하지만, 그렇게 하지는 못하고 말았습니다. 그리고 그 길을 여전히 자연스럽게 통행하시는 분들을 보면서, 혹시 내가 도덕적 결벽주의자가 되어 있는 것은 아닌가 싶은 생각도 드는 것이 솔직한 심정입니다.

　어떤 철학자는 말하기를, 윤리적인 행위라고 말할 수 있으려면 자연적인 본능이나 경향성을 따라 행하는 것이 아니라, 유혹의 순간에도 선을 행하려는 의지를 따라 사는 것이어야 한다고 했답니다. 백번 맞는 말이겠지만, 과연 우리들 실생활에서 그렇게 엄숙하고 경직된 윤리의식으로 모범생답게 사는 경우들이 과연 얼마나 될 지 반문하게 되는군요.

아무것도 아닌 것 같은 이 작은 일을 두고 한 가지 더 생각해 본 것이 있습니다. 윤리적으로 산다는 것은 어떤 의미에서든 간에 '다르게' 사는 것이 아닐까 하는 점입니다. 뭐 거창하게 '윤리', '도덕'을 내세울 것 까지는 없고, '남들이 하는 편한 방식과는 다른 스타일로 살아 보려고 애쓰는 것이 윤리적인 삶의 첫걸음이 아닐까?' 하는 생각 말입니다.

탁월함으로서의 '다르다'

내친 김에 '다르다'는 것에 대해 생각해 볼까요? '오류'(誤謬)와 '차이'(差異)는 같지 않습니다. 하지만 우리는 별 생각 없이 섞어서 사용하지요. '틀리다'는 오류 또는 기대에 어긋남을 말한다고 하겠습니다. '시험에서 몇 문제나 틀렸냐?', '그 사람 영 틀렸어'라고 말하는 경우들이 그렇습니다. '다르다'고 할 때는 차이가 난다는 뜻이지요. 예를 들어, '그 사람은 틀려'가 아니라 '그 사람은 달라(차이가 난다)'고 말하는 것이 맞겠지요.

다르다는 것에 대해 좀 더 생각해 보고자 합니다. '다르다'는 말을 '차별성'이라고 말하는 것이 그리 크게 잘못된 것은 아니라고 봅니다. 하지만, '차별'(差別)이라는 말에는 부정적이고 소극적인 의미가 다분하지요. 인종차별, 지역차별, 학력차별 등의 단어를 생각해 보면, 대개의 경우 바람직하지 못한 차별의식을 반영하는 것 같아서 말입니다.

차별성이라는 말 대신에 탁월성이라는 말을 쓰면 어떨까요? 탁월하다는 말은 보통과는 다른 그 어떤 요소를 가리키는 것이니까요. 예를 들어, '그 사람, 어딘가 달라도 달라'하고 말할 때, 우리는 그 사람이 보통사람들과는 다른 탁월한 인격이나 비전, 혹은 사람됨을 가지고 있다는 뜻으로 옮길 수 있지 않을까요?

'틀리다'와 '다르다'도 구분해서 사용해야 하겠고, 이왕이면 '다르다'의 말뜻을 차별이라는 단어를 포함하는 '차별성'으로 사용할 것이 아니라 '탁월' 또는 '탁월성'으로 쓰는 것이 좋겠다는 의견을 조심스럽게 제안하고 싶습니다. 사실, 단순하게 '다른' 것이 아니고, '탁월한' 단계에 이르는 것이 좋지 않겠습니까?

'탁월한' 윤리를 향하여

'다르다'에서 '탁월성'에 대한 이야기를 끌어 낸 이유는 기독교윤리의 탁월성을 제안하고 싶어서입니다. 기독교윤리가 일반인의 도덕과 '다르다'고 말하는 경우에, 성서를 기초로 한다는 점이나 기독교신앙을 중심으로 한다는 것과 같은 특징적인 요소들을 소개하는 것으로도 충분하겠지만, 거기에 '탁월성'을 말할 수 있다면, 얼마나 좋을까요?

사실, 고대 그리스 윤리학에서 '탁월'에 대한 이야기가 있었습니다. 예를 들어, 우리가 덕(德)이라고 옮기는 '아레테'라는 말에는 탁월함(excellence)이라는 뜻이 담겨 있습니다. 이성적 존재로서의 인간이 자신의 능력을 가장 잘 발휘하는 상태를 가리킨다고 합니다. 따라서 고대 그리스 윤리학에서 덕스럽다고 말하는 것은 인간으로서의 탁월성을 발휘한 상태라고 옮겨도 될 것 같습니다.

제가 보기에 교회의 윤리야말로 탁월성으로서의 '다름'을 가져야 합니다. 교회가 사회의 지탄만 받고 있을 것이 아니라, 우리사회에 독특하고 탁월한 윤리적 대안을 제안하고 그것을 실천할 수 있어야 하지 않을까요? 사회의 지탄받는 모습들로 얼룩진 우리들의 모습을 바꾸어야 할 때가 된 것 같습니다.

어거스틴은 교회에 대한 이야기에서, 교회를 하나님의 도성(civitas Dei)을 향한 순례의 공동체이며 예배와 덕성함양의 공동체로 봅니다. 그에 따르면, 인간이 추구하는 진정한 평화 또는 안식은 유한한 현세에서 이룰 수 없습니다. 인간은 영원하신 하나님에게서 진정한 평화와 안식을 누릴 수 있다는 것이 그의 대전제요 결론이라고 하겠습니다.

그가 말하는 내용을 잘 보면, 그리스도인은 이러한 참된 행복 또는 영원한 삶의 평화를 향하여 나아가는 순례자로 묘사됩니다. 하나님의 도성을 향한 순례자 공동체로서의 교회, 그들에게는 시간적인 지상의 행복을 넘어 영원한 행복을 얻고자 하는 탁월성이 있으며, 탁월한 사랑의 덕성을 통해 이 행복에 다가서는 사람들이라고 하겠습니다.

여기에 우리의 고민이 있습니다. 과연 우리는 탁월하게 살고 있는지요? 영원한 하나님의 나라를 향한 소망을 가지고 있는지요? 특별히 '은혜'라고 하는 탁월한 능력을 충분히 누리며 살고 있는지요? 지금도 하나님의 은혜는 여전히 우리 곁에 있건만, 눈에 드러나지 않는다는 이유로 은혜 없이 사는 자처럼 착각하고 있지는 않은지요? 더구나, 내게 주신 긍휼의 은혜는 잊어버리고 남의 잘못을 찾아내는 일에 민첩하게 움직이고 있지는 않은지요?

지금이야말로 주의 긍휼하심으로 구원받은 백성답게 '다르게 사는 탁월함'의 특성을 제대로 발휘해야 할 때라는 생각이 절실해집니다. 긍휼은 심판을 이기느니라.(약2:13)

긍휼의 윤리는 교회를 사랑하는 윤리입니다. 교회가 긍휼을 얻은 자들의 공동체임을 강조하는
윤리입니다. 교회가 윤리적 탁월성으로 무장할 것을 요구하는 것은 교회에 대한 참된 사랑을 표현하는
요청인 셈이지요.

교회가 평안하여 든든히 서 가고 주를 경외함과 성령의 위로로 진행하여 수가 더 많아지니라. (행9:31)

매스컴이 교회의 윤리선생?

방송의 위력은 새삼 말할 필요도 없을 정도입니다. 맛 집이나 달인(達人)을 소개하는 프로그램에 한번 나오면 매상이 달라진다고 할 정도로 홍보효과도 크고 유명세를 탄다고 합니다. 우리 주변을 보면, 방송에 얼굴한번 내고 싶어서 기웃거리는 사람도 있고 방송에 나왔던 사람을 알아보고 신기해하는 경우도 많아졌습니다. 이따금 너무 각본대로 움직이는 어색함이 보일 때는 '저렇게까지 해야 하나?'하는 생각이 들어서 씁쓸해지기도 합니다.

방송이외에 인터넷으로도 아주 큰 홍보효과가 나타나지요. 특이한 일, 신기한 소식, 재미있는 사건, 슬픈 사연 등 많은 이야기들이 인터넷을 통해 유통되고 있지요. 신문이나 방송 그리고 인터넷에 이르기까지 어떤 매체이든 간에 많은 사람들을 상대로 정보를 소통시킨다는 점에서 매스컴은 우리시대의 중요한 관심거리임에 틀림없습니다.

이따금 매스컴이 교회의 윤리선생을 자처하는 경우도 있는 것 같습니다. 교회의 내부사정을 일정한 틀에 엮어서 폭로하기도 하고 교회와 신앙인들을 호되게 질타하기도 하지요. 그 중에는 달게 받아들여야 할 쓴 소리도 없지 않지만, 사실과 다른 부분도 있고 교회 내부의 사정을 아는 사람들에게 공감을 얻지 못할 부분도 있는 것 같습니다.

신앙인의 한 사람으로, 어쩌다가 교회가 시민사회의 지탄받는 대상이 되고 말았는지, 안타까움과 부끄러움이 교차하는 대목입니다. 교회가 사회를 위해 바람직한 윤리적, 영적 지도력을 발휘해야 마땅하건만, 거꾸로 방송과 인터넷을 비롯한 매스컴이 교회를 질책하고 교회 일들을 폭로하는 지경에 이르고 말았다는 것이 안타까울 뿐입니다.

교회의 안타까운 모습들이 보도 프로그램이나 뉴스를 통해 드러날 때, 교회와 신앙인들에게 겸허한 반성과 갱신의 노력이 필요하다는 생각을 하게 됩니다. 하지만, 자칫 그 방송이 교회의 실정을 전체적으로 보여주지 못하고 일정한 틀에 따라 구성되거나 특정 목적에 따라 변형되어 한국사회에서 교회와 신앙인들을 일그러진 이미지로 각인시키는 것은 아닐까 하는 염려가 더 큽니다.

교회는 교회의 본질에 따라야

일찍이 뒤르켐이라는 사회학자가 이런 말을 했다고 들었습니다. '사회에는 사회 나름의 논리가 있다.' 아마도 개인의 영역에 적용되는 것과 달리 사회의 구조나 시스템 등의 요소들을 고려해야 한다는 뜻인 것 같습니다. 사회라는 것은 단순히 개인과 개인의 덧셈으로 모인 집단이 아니라는 점에서, 사회에 대한 이해의 지평을 새롭게 해야 한다는 뜻인 것 같기도 합니다.

이 말을 조금 응용해보고 싶습니다. 교회에는 교회 나름의 본질이 있습니다. 교회는 시민사회의 구성요소인 동시에 시민사회를 초월하는 본질적 요소를 지니고 있다는 말입니다. 이 부분은 어거스틴이 지상의 도성과 하나님의 도성을 구분한 것을 보아서도 쉽게 알 수 있는 대목입니다. 비록 그 경계와 구분이 현실적으로는 모호할 수 있으나 교회에는 교회만의 본질이 있다는 것만은 분명합니다.

문제는 교회가 시민사회 속에서 활동한다는 측면입니다. 아마도 매스컴이 교회의 잘못을 고발하고 폭로하고 질책할 수 있다고 생각하는 것은 이러한 요소 때문일 겁니다. 충분히 동의할 수 있는 대목입니다. 하지만, 그것이 전부가 아니라는 것 또한 분명합니다. 교회에 대한 이야기를 할 때, 반드시 이것을 잊지 말아야 합니다. 교회에 대한 균형잡힌 시각이 필요합니다.

만일 매스컴을 통한 폭로와 질책을 교회갱신의 방법론으로 생각한다면, 교회의 본질에 대해 신중한 접근이 필요하다는 조언을 하고 싶습니다. 교회를 개혁해야 하는 것은 분명하지만 방법은 신중해야 합니다. 대중매체를 통한 여론재판이나 폭로를 통한 방법론은 홍보효과가 큰 반면에 교회의 참모습을 왜곡시킬 가능성도 병존하기 때문입니다. 특히, 매스컴이 교회의 윤리선생을 자임하게 두어서는 안 될 것 같습니다. 게다가 교회를 대상으로 하는 언론 플레이를 통해 유명세를 얻으려한다면 이는 바람직하지도 않고 정당하지도 않습니다.

교회, 도덕적 탁월성으로 무장해야

교회가 매스컴의 폭로대상이 되거나 매스컴이 교회의 윤리선생을 자임하지 않도록 하는 가장 중요한 길은 교회가 도덕적 탁월성을 보여주는 것입니다. 교회가 탁월한 도덕성으로 무장한다면, 교회는 매스컴의 윤리적 질책을 넘어서 오히려 사회를 향하여 윤리적 영향력과 지도력을 발휘할 수 있을 것입니다.

복음으로 부르심을 받은 은혜공동체로서, 선한 사마리아인이 되는 일은 교회의 지극히 당연한 몫입니다. 예를 들어 지역사회를 섬기는 복지선교나 사회봉사를 비롯한 아름다운 일들을 더욱 열심히 감당해야 합니다. 한 걸음 더 나아가, 교회와 신앙인은 도덕성에 있어서도 사회가 추종할 수 없을 정도로 탁월한 면모를 보여주어야 마땅합니다.

어거스틴이 말한 것처럼, 교회는 하나님의 도성을 향해 가는 영적 순례자들이 신앙과 덕성의 훈련을 받는 곳이 되어야 합니다.

교회를 통해 신앙인들이 영원한 행복의 원천이신 하나님을 향한 사랑의 덕을 훈련받고 영원한 하나님의 나라를 바라보는 덕스러운 신앙인으로 성숙해야 합니다.

하우어와스(S. Hauerwas)가 말한 것처럼, 교회는 시민사회가 추종할 수 없을 정도의 탁월한 도덕성을 구비해야 합니다. 특히 교회에 아름다운 이야기, 미담(美談)이 넘쳐나야 합니다. 교회에는 가장 아름다운 이야기, 즉 예수 그리스도의 복음이 있기 때문입니다. 복음의 이야기를 통해 교회는 탁월한 덕성함양의 공동체가 되어야 하고, 신앙인은 탁월한 덕성과 윤리의식을 세워야합니다.

은혜윤리가 제안하는 것은 바로 이런 것들입니다. 그 요점은 교회를 교회되게 하자는 것이요, 윤리적 성숙과 도덕적 탁월성에 대한 강조가 핵심으로 자리잡고 있습니다. 은혜윤리가 강조하는 도덕성은 폭로와 비난과 정죄의 율법적 윤리가 아니라 긍휼과 인내의 은혜중심적 윤리입니다.

이러한 의미에서, 오늘의 교회의 윤리적 성숙과 도덕적 탁월성을 추구하되 율법적 윤리가 아닌 복음적이고 은혜중심의 윤리를 통해 접근해야 합니다. 비난하고 정죄하고 폭로하고 타도하는 것만으로는 교회의 윤리적 성숙을 기대할 수 없습니다.

우리는 확신합니다. 비난과 정죄와 폭로의 심판을 통해 교회가 새로워지는 것이 아니며, 오직 긍휼의 윤리가 진정한 교회됨의 상징이 될 것이라고 말입니다. 긍휼은 심판을 이기느니라.(약 2:13)

은혜의 사람이 되라

잊을 수 없는 답안지

언젠가, 기말고사에 이런 문제를 낸 적이 있습니다. '현대인에게 있어서 윤리의 중요성에 관해 설명하시오.' 대부분의 학생들이 최선을 다해 답을 썼습니다. 그런데, 유독 한 학생의 답안지는 지금도 잊을 수 없습니다. 달랑 다섯 글자 써 냈더군요. '매우 중요함'

젊은이다운 순발력이 돋보이는 답안이었습니다. 그 학생 불러다가 리포트를 통해서 나머지 이야기를 써오도록 지도한 후, 학점을 주었습니다. 어쨌든 알긴 알았잖습니까? 무엇이 왜 중요한 것인지 설명하지 못했을 뿐, 핵심은 알고 있으니 다행한 일 아닙니까?

사람마다 중요한 것에 대한 생각이 다르지요. 무엇이 왜 중요한가에 대한 생각은 결국 가치관과 세계관의 문제라고 할 수 있겠습니다. 어려운 말까지 들먹일 필요도 없이, 각자 인생에 대한 신념의 차이가 중요한 것이 무엇인가에 대한 다양한 답을 드러내는 것이지요.

세계관이라는 말이 너무 거창하다면, 성향이라는 말은 어떨까요? 각자 취미가 다르고 기호식품이 다른 것처럼 중요성에 대한 생각 역시 다르다고 할 수 있습니다. 운동이 건강에 좋다고 하지만 특정한 종목이 어떤 사람에게나 동일하게 좋은 것은 아니지요. 맛있는 음식점이지만, 사람마다 평가는 달라집니다. 상대적인 가치가 옳다는 뜻이 아닙니다. 지금 말씀 드리려 하는 것은 상대성이나 다양성 문제가 아니라 관점이나 성향에 대한 이해가 필요하다는 것이니까요.

다른 사람에 대한 태도 역시 이와 비슷할 것 같습니다. 예를 들어, 남 말하기를 즐겨하는 사람과 비밀을 끝까지 지키는 사람의 성향은 확연히 다릅니다. 어떤 사람은 냉소적으로 말하기를 좋아하고 어떤 사람은 말을 아낍니다. 비난하기를 즐기는 사람이 있고 덕담을 하려고 애쓰는 사람도 있습니다. 각자의 생각이 다르고 성향이 다르다고 해야 하겠지요.

빠를수록 좋은 깨달음

성향이나 세계관 혹은 삶에 대한 관점은 언제쯤 형성되는 것일까요? 이 문제는 전문가들의 몫으로 남겨두기로 하지요. 사실, 저로서는 짐작만 할 뿐 제대로 모르는 부분이니까요. 하지만, 좋은 성향이나 좋은 인생관은 조금이라도 더 일찍 형성하는 것이 바람직해 보이는군요.

요즘에는 너나 할 것 없이 젊어 보이려고 애쓰는 통에 도대체 어르신이 누구인지를 알 수 없는 경우가 있습니다. 장수혁명으로 30년 이상의 수명을 보너스로 받은 시대에 건강하고 활기차게 사는 것은 모두가 바라는 일이지요. 하지만, 어르신들의 바람직한 어른노릇까지 사라지는 것은 아닐까싶어 걱정도 됩니다.

분명한 것은 우리가 항상 젊을 수 없다는 점입니다. 생체연령도 늙어가고 생각도 늙어갑니다. 젊게 생각하며 사시는 분들이 많아졌으면 좋겠습니다. 어떤 때에는 인생을 달관(達觀)한 여유가 느껴질 때마다 어르신들에게 고개가 숙여지기도 합니다. 과연 젊어서도 그러셨을까 싶을 정도로 관용하고 배려하는 모습들을 보는 경우가 있지요.

이따금, 젊은이의 정의감과 의협심도 좋지만, 어르신들의 너그러움과 기다림이 훨씬 더 빛나는 경우들을 볼 수 있습니다. 늙어서 무뎌진 것일 수도 있겠지만, 배워야 할 부분임에는 틀림없습니다. 직설적으로 비난하고 정죄하는 젊은이들과는 달리 여유를 가지고 관대하게 기다리면서 변명할 기회를 주거나 실수를 만회할 수 있도록 배려하는 경우들이 그렇습니다. 물론 이런 일들이 그리 많지는 않습니다. 많지 않은 경우들이기 때문에 더 가치가 있어 보이기도 합니다.

반면에, 청년들에게는 사고의 순발력과 청년다운 의협심이 두드러집니다. 참지 못하고 '욱하는' 성미가 발휘되기도 하지요. 게다가 요즘에는 인터넷이라는 매체가 날개를 달아주어 거의 무제한에 가까운 의사표현의 자유를 만끽하고 있습니다. 자신의 속내를 마음껏 표현하는 것까지 뭐라 할 수는 없지만, 그것이 욕설과 비난의 무한자유를 뜻하는 것은 아닐 텐데 하는 마음이 듭니다. 어떤 경우에는 걱정스럽고 안타깝기도 합니다.

분명, 청년의 때는 가능성도 많고 비전이 있는 시기입니다. 누군가 말한 것처럼, 젊다는 것만으로도 사랑받기에 충분한 사람들이지요. 특히, 기성세대에 비해 볼 때, 아직은 도덕적인 문제나 실수가 적은 시기라 할 수 있겠습니다. 그래서 도덕적 완벽을 추구하는 사람이 되기 쉽지요. 실수하는 사람을 용서하기 보다는 비난하고 욕하고 정죄하기 쉽습니다.

어떻게 보면, 바람직한 일입니다. 적어도 청년의 때에라도 그 성도의 의협심은 있어야 하지 않겠습니까? 하지만, 그것보다 더 좋은 것은 청년의 때에 은혜의 사람이 되는 것입니다. 일찍부터 세상을 보는 눈이 달라지고 좋은 생각으로 살면 더 행복하게 살 수 있지 않을까요?

은혜의 사람이 되라

조금이라도 더 일찍 깨달아야 하는 것이 있습니다. 하나님의 '은혜'가 그것입니다. 그것은 일찍 체험하고 일찍 깨달을수록 좋습니다. 은혜의 가치를 발견하고 내게 주신 은혜의 소중함을 인식하며 내가 은혜의 사람으로 살아야 한다는 사실을 깨닫는 것은 빠를수록 좋습니다.

흔히 탕자에서 성자로 바뀐 사람이라고 소개받는 어거스틴은 자신이 은혜로 말미암아 용서받은 사람이요, 하나님의 은혜를 통해 진정한 행복에 이를 수 있다는 사실을 뒤늦게 깨달은 것에 대해 뼈저린 아쉬움으로 고백하였습니다. '나의 유일한 사랑이신 주님, 내가 너무 늦게야 주님을 사랑하게 되었나이다.' 육체적 욕망에 얽매이고 마니교도의 유혹에 끌려 다녔던 청년기를 회고하는 대목에서, 어거스틴은 이렇게 고백합니다. '오, 나의 하나님. 나는 당신으로부터 떨어져 길을 잃었습니다. 나의 젊은 시절에 나를 붙들어 주시는 당신을 멀리 떠나 헤매고 다녔습니다. 나는 스스로 황폐한 땅이 되어 버리고 말았습니다.'(고백 Ⅱ.10)

사실, 어거스틴이 탕자에서 성자가 되었다는 말은 조금 지나

친 면이 없지 않습니다. 막무가내로 허랑방탕했던 삶이라기보다 진리에 대한 여행이 길었다고 보는 것이 맞을 것 같습니다. 성경에 나오는 탕자의 경우와는 조금 다를 수 있습니다. 하지만, 크게 보아 하나님을 떠나 세상을 기웃거렸던 삶을 전체적으로 방황과 방탕의 시간이라고 말하는 점에서 크게 잘못된 표현은 아닌 듯싶군요. 하기야, 늦게라도 진리를 발견했다는 것이 어딥니까? 일생 다하도록 진리에 이르지 못하는 것보다 훨씬 낫지 않습니까? 기왕이면, 조금이라도 더 일찍 은혜의 사람이 되었다면 얼마나 좋겠습니까?

찬송가, '나의 갈 길 다가도록'의 가사처럼, 내 주 안에 있는 긍휼은 의심할 여지도 없지만, 우리는 긍휼을 받지 않은 자인 것처럼 살고 있지 않습니까? 주의 긍휼이 없이는 살 수 없는 존재임에도 불구하고 애써 그 사실을 무시하거나 부정하며 살고 있지는 않은지요? 주는 여전히 우리를 사랑하시되, 광야의 반석을 쳐서 샘물이 나게 하시고, 우리의 갈길 다 가도록 은혜주시건만 우리는 은혜 베풀기에 인색하고 은혜받기만 추구하고 은혜 없이 사는 자인 것처럼 착각하며 살고 있는 것은 아닌가요?

일찍이 전도서 기자는 이렇게 말했습니다. 청년의 때에 창조주를 기억하라고 말입니다. 저는 이렇게 응용하고 싶습니다. 청년의 때에 다음 세대의 청년들을 위한 교훈을 준비하라고 말입니다. 무엇보다도 청년의 때에, 나는 은혜의 가치를 깨닫고 은혜를 소중히 여기는 사람으로 살았다고 말할 수 있으면 좋겠습니다.

꼭 청년에게만 해당하는 말일까요? 그렇지 않습니다. 우리의 일생전체가 주의 긍휼로 사는 날들이기 때문입니다. 우리가 주의 은혜를 은혜로 깨닫기 전에는 연령에 관계없이 받아야 할 말씀입니다. 은혜로 사는 존재임을 깨달아야 합니다. 빠를수록 좋겠지요. 그리고 은혜의 사람이 되어야 합니다. 은혜의 가치를 알고 은혜를 베풀며 은혜를 따라 사는 존재가 되어야 한다는 뜻입니다. 긍휼은 심판을 이기느니라.(약2:13)